3.

outre ce recit il y a
la troisieme & la
quatrieme prommades
de Tempé

RECIT

DE CE QU'A ESTÉ

ET

DE CE QU'EST PRESENTEMENT

MONTAUBAN.

Par Henry Le Bret *Prevost du Chapitre de l'Eglise Cathedrale de la même Ville.*

A MONTAUBAN,

Chez François Descaussat Imprimeur du Roy de Monseigneur l'Evêque, & de la Ville.

M. DCCI.

A MESSIEURS
DU CHAPITRE
DE
L'EGLISE CATHEDRALE
DE MONTAUBAN.

MES TRES-HONOREZ FRERES,

Je vous adresse ce Recit pour vous faire connoistre combien nous sommes obligez à Dieu & à nostre grand Monarque de l'état où nous nous trouvons, par rapport à celuy où se sont trouvez nos prédecesseurs du temps que la Prétenduë Reforme primoit en cette Ville. De sorte qu'une grace de Dieu si visible, & une s

puiſſante protection de ce Monarque Incompa-
rable, nous obligeant à une reconnoiſſance qui
puiſſe y eſtre proportionnée, nous ne pouvons
nous en mieux aquiter qu'en nous appliquant
à fortement affermir dans le veritable Culte
ceux que le malheur des temps en avoit ſepa-
·rez, & que Dieu par ſa miſericorde y a ſi mi-
raculeuſement réünis. J'avoüe que la moiſſon
eſt grande pour ſi peu d'ouvriers : mais le Maître de la moiſſon n'ayant pas commencé une ſi
grande œuvre pour la laiſſer imparfaite, nous
devons luy demander avec autant d'humilité
que de confience, les moyens d'y contribuer. Car
c'eſt pour cela que nous ſommes à Montauban.
Entrons donc confidémment, Mes Freres, dans
cette Divine moiſſon. Ce qu'il y avoit de plus
rude & de plus difficile eſt aplani, nos veritez
étant preſentement reconnuës par ceux qui les
avoient le plus opiniâtrement contredites.
Ainſi il ne nous reſte preſque plus rien à faire
qu'à les inſinuer à nos Freres réünis par nos
charitables converſations & nos bons exemples, comme étant les plus aſſurez moyens de
les toucher, & d'attirer ſur eux & ſur nous la
benediction de Jeſus-Chriſt, en qui je ſuis,

MES TRES-HONOREZ FRERES,

Voſtre tres-humble & tres-obëïſſant
ſerviteur. LE BRET.

RECIT

DE CE QU'A ESTÉ

MONTAUBAN,

ET DE CE QU'IL EST
presentement.

N doit ce témoignage aux peuples de Quercy, qu'ils ne sympatiserent jamais avec les Anglois. Il est vray qu'ils en subirent le joug aprés le Traité de Britigni, dans lequel S. Loüis comprit le Quercy. Mais ces peuples en reclamerent, & il fallut des Lettres de Jussion de ce Roy pour les obliger à se soumettre; encore ne le firent-ils que *Lamentando & Protestando*.

Ce font les termes de l'Enregiftrement de cette Juffion fait au Greffe de l'Hoftel de Ville de Caors, de ne jamais reconnoiftre que le Roy de France. Montauban ne fe fignala pas moins fur ce fujet. Car on n'y fouffrit la garnifon Angloife qu'autant qu'on ne pût avoir l'occafion de s'en défaire, les Anglois regardant cette Ville comme frontiere à l'égard du Languedoc. Jean Chandos Lieutenant du Roy d'Angleterre és parties de France (ce font les termes de Froiffard) y tenoit toûjours une groffe garnifon. Mais les Montalbanois s'en défirent par deux fois ; de quoy Charles V. dit le Sage leur fçût fi bon gré, qu'il leur accorda plufieurs privileges, dont les Patentes font dans noftre Hoftel de Ville, le Roy Charles VII. les leur confirma, & y fit tenir en 1442. les Etats de Languedoc, dont le Quercy, le Roüergue, l'Agenois, & l'Armagnac firent pendant quelque temps une partie. Il y fit même prefider Bernard de la Roche qui en eftoit Evêque, nonobftant que l'Archevêque de Narbonne & celuy d'Auch y fuffent oppofans, celuy de Touloufe y ayant aquiefcé, tant ce Prince paroiffoit con-

tent de la fidelité des Montalbanois. Auffi
peut-on dire que la rebelliō n'y entra qu'a-
vec le Calvinifme, & qu'avec quatre Compagnies d'Infanterie qu'y envoya Cruſſol,
qui faifoit en Vivarez, & dans les Sevenes, ce que Duras faifoit en ce païs icy
pour la Prétenduë Reforme.

Je laiſſe entre ce prélude & ce que je
me ſuis propoſé de dire, un grand vuide
que l'on pourra remplir de ce que l'on
en trouvera dans l'Hiftoire de Montauban.
Car bien que depuis trois mois j'aye commencé quatre-vingt-trois ans, je n'ay tra-
vaillé aux affaires de la Religion que depuis mil ſix cens cinquante-ſix. Ainſi je
ne vous parleray que de ce que j'y ay vû,
& de ce que j'y voy; & cependant il y au-
ra ſuffiſamment de quoy vous faire remarquer la difference qu'il y a entre ces deux
temps. Mais comme ce que je vous ay dit
du changement qu'y fit le Calvinifme, en
demande quelque petit éclairciſſement,
je diray que s'y eftant introduit en 1560.
ceux des anciens habitans qui le receurent,
ſoûtinrent, à l'aide de ceux que les chefs
du parti y envoyerent, un ſiege en 1561.
& un autre en 1562. De ſorte que par cet

essay se croyans capables de quelque chose
de plus, ils mirent leur Ville en estat d'en
soûtenir un troisiéme, comme s'ils eussent
prévû celuy de 1621. qui dura trois mois,
& où le feu Roy Loüis XIII. fut si mal
servy, qu'on fut obligé de le lever, aprés
y avoir perdu cinq à six mil hommes des
meilleures Troupes de Sa Majesté. Ce qui
éleva Montauban à un tel excez d'orgüeil,
que ses habitans se crurent invincibles, &
n'eurent plus en teste que l'indépendance.
Car ce fut la premiere idée de la Reforme,
l'exemple de Geneve, des Villes de Hollande, ainsi même que de la Rochelle, les
ayant flatez d'y pouvoir réüssir. Si bien
que n'y trouvant d'obstacle que du côté de
Toulouse, de Caors, & de quelques autres places Catholiques qui ne leur permet-
toient pas de s'étendre autant qu'ils au-
roient voulu, ils entrerent dans le projet
que Crussol & Duras firent en 1562. sur
Toulouse. Ils en furent chassez toutefois
aprés un combat qui dura cinq jours. Ils
surprirent & pillerent Caors à quelques
années de là en pleine paix, mais ils ne le
pûrent garder. Moissac, Castelsarrasin,
Montech, & même Fronton, leur resiste-
rent

rent toûjours courageufement. De forte
que fe voyant exclus de ce côté-là, ils s'emparerent de Villemur, de Cauffade, de
Realville, du Bias, de Negrepeliffe, &
de S. Antonin, où on gardoit la même
conduite que dans Montauban, qui dans
tous les Traitez de Paix eftoit toûjours demandé par ceux du parti pour une de ces
places, qu'ils appelloient de feureté, fans
toutefois qu'il y en eût ni pour l'Evêque,
ni pour les autres Catholiques que la Cour
obligeoit d'y retourner pendant les inter-
vales des Traitez que l'on eftoit forcé de
faire avec la Reforme.

L'Hiftoire de la Ville de Montauban
contient le recit des Guerres que ce malheureux parti fit à Dieu & aux Rois François II. Charles IX. Henry III. & Loüis
XIII. par lequel enfin cette hidre fut aba-
tuë ; non pas à la verité fi abfolument, que
l'on n'ait efté obligé pendant quelque
temps d'en ménager les reftes, qui, bien
que fans reffource, ne laifferent pas de faire plufieurs tentatives pendant la minorité
de Loüis le Grand, dont ils extorquerent
une Declaration en 1652. fous les aufpices
de laquelle ils commirent une infinité de

contraventions à l'Edit de Nante ; nos Montalbanois entr'autres ayant relevé leurs anciennes fortifications, fous pretexte de fe mettre en eftat de fe défendre contre ceux qui troubloient alors la Guienne, mais en effet dans la vûë, comme ils difoient, de remonter fur leur befte. Ce qui obligea Pierre de Bertier noftre Evêque, d'en donner avis à la Cour, qui leur défendit de continuer ce travail. Mais bien loin d'obeïr, ils le poufferent à fa perfection, ayant joint le faux-bourg de Villenouvelle au corps de la Ville qu'ils ceignirent de huit Baftions Royaux, & de cinq autres le faux-bourg de Villebourbon. De dire les infolences qu'ils commirent contre les Ecclefiaftiques pendant ce travail, cela nous meneroit trop loin. Il fuffit de fçavoir pour en juger, qu'ils arrefterent un jour le Curé portant le Saint Sacrement à un malade du faux-bourg des Cordeliers, luy prefenterent la hallebarde devant l'eftomac, & le tinrent en cet eftat jufques à ce qu'ils euffent receu l'ordre de leur prétendu commandant de le laiffer paffer.

Ces fortifications cependant firent beaucoup d'éclat dans la Reforme, & rendi-

rent la fainte liberté de Montauban, &
de fon College fi cel-bre, qu'il devint une
fourmiliere d'écoliers qui s'y rendirent de
tous côtez. Car quoy qu'il fût mi-parti
entr'eux & les Jefuites, il y vint des Suif-
fes, des Hollandois, & des Ecoffois, atti-
rez tant par le bon vin que par le grand
nombre de Profeffeurs qu'ils affecterent
d'avoir en Theologie, Philofephie, Hu-
manité, & langue Hebraïque. Il y avoit
outre cela fix Miniftres pour les deux Temples de la Ville, baftis l'un fur le fond de
la maifon de l'Evêque, & l'autre fur le fond
de la Chapelle de l'Autier. Il y avoit outre cela huit autres Miniftres pour les Temples qu'ils avoient baftis de leur autorité
privée à Villemade, à la Garde, à Mau-
zac, à Verlhac, à Breffols, à Reyniez, à
Saint Nauphari, & à Courbarieu, qui
tous enfemble joints à ces Profeffeurs,
faifoient un corps de vingt perfonnes,
qui portoient des robes de Magiftrats, &
donnoient des Grades à leurs Ecoliers,
c'eft à dire, aux executeurs aveugles de
leurs emportemens contre l'Evêque, le
Chapitre, & les autres Catholiques.

Mais autant que le College de la Refor-

me eſtoit bien rempli , celuy des Catholiques l'eſtoit peu à cauſe des mauvais trai-
temens que leurs écoliers recevoient à toute heure de ces emportez. On en peut juger par ce que m'a raconté un de nos Chanoines qui vit encore. Il avoit eſté pourvû
eſtant écolier d'une Clericale du Chapitre ,
mais à l'iſſuë de ſa priſe de poſſeſſion étant
allé au College, il y fut à peine arrivé,
que les autres écoliers luy déchirerent ſa
Soutane en vingt pieces ; & ſur ce que
dans une autre occaſion il avoit prononcé
les noms de *Jeſus Maria* au recit de quelque
incident qu'un de ſes compagnons luy faiſoit, un Propoſant qui l'entendit, l'appel-
lant petit fat de Papiſte , luy donna un
ſoufflet. De ſorte qu'il n'y avoit point de
parti à prendre que de ſouffrir, ou de quit-
ter la Ville , qui eſtoit ce que le Conſiſtoire demandoit, pour eſtre plus abſolu &
continuer de faire de Montauban l'azile de
tous les Apoſtats du Royaume qui s'y rendoient de toutes parts. Il n'y en eut point
toutefois qui fiſt plus de bruit que le nommé Labadie. C'eſtoit un fanatique d'autant plus dangereux, qu'il s'énonçoit aiſement, & ſe contrefaiſoit ſi adroitement,

qu'il devint parmi eux un chef de part. Il
avoit esté neuf ans Jesuite; mais comme
cette Compagnie ne souffre ni foux ni fri-
pons, il en avoit esté chassé, & avoit con-
trefait le Missionnaire en Picardie, d'où
ses débauches ayant donné lieu à une procedure criminelle qui se fit contre luy, il
se sauva à Bourg sur la Dordogne son païs
natal. Il passa de là dans le Diocese de
Bazas, où il prit l'habit de Carme, qu'il
quitta quelques mois aprés sur l'avis qu'il
eut que M. de Bazas avoit eu de la Cour
ordre de le faire arrester. Il s'enfuit de là
à Toulouse, mais il s'y fit bien-tôt connoistre tant par son fanatisme, que par
quelque chose de plus scandaleux, dont il
y eut de grandes informations qui l'obligerent à se cacher dans un coffre pour en
sortir & gagner Montauban, où à la face
de l'Evêque, & de l'Intendant il apostasia.
Il se fit ensuite Proposant (c'estoient ceux
de leurs écoliers qui aspiroient au Ministe-
riat) auquel il fut admis six mois aprés; &
s'y conduisit de sorte, qu'il gouverna le
Consistoire despotiquement jusqu'au mois
d'Aoust 1656. que Dieu, pour mettre fin
à ses desordres, permit qu'il excitât une si

grande sedition dans la Ville, que ceux qui jusqu'alors l'avoient appuyé, s'en separerent pour ne pas estre embarrassez dans la procedure criminelle qui s'en fit, & par laquelle je commençay de rendre mes petits services à la Religion.

On a dit dans l'Histoire de Montauban que nos Prétendus Reformez tuerent Jacques Després leur Evéque pendant leurs premieres guerres dans une embuscade auprés de Mondomerc, mais Anne de Murviel qui luy succeda n'en fut guiere mieux traité en differentes occasions. Car étant venu à Montauban par ordre du Roy dans un intervale de paix, & une femme du faux-bourg de Saint Estienne âgée de cent quatre ans, & qui malgré la perversion generale avoit perseveré dans la Religion Catholique, estant morte aprés avoir receu tous les Sacremens, qu'on n'avoit osé toutefois luy porter qu'en secret, il se crut obligé d'assister à sa sepulture, mais il trouva qu'on avoit enlevé le corps ; & même à son retour la porte de la Ville fermée, qu'on ne luy ouvrit qu'aprés l'avoir fait attendre quatre ou cinq heures, & que pour le couvrir de boüe luy & ses Ecclesiasti-

ques en y rentrant, & enfin pour luy enle-
ver son bonnet carré, & le coëffer d'une
citroüille.

Ce qui ne fut rien toutefois en comparaison d'une sedition dont Mr. Foulé de
Prunevaux alors Intendant, fut témoin.
Car ce même Prélat ayant esté rétably
dans la Ville quand elle se soumit au feu
Roy, & n'y ayant point de maison, non
plus que les Ecclesiastiques de son Chapitre, fut obligé d'en loüer une : mais parce
qu'il y fit dire la Messe, le proprietaire
prétendit que c'estoit contrevenir à son
bail, & l'en voulut faire sortir. On luy en
fit commandement, on menaça d'y employer la force, dont l'effet ne fut differé
qu'autant qu'il fallut de temps pour assembler les Portefais, & les Proposans qui enfoncerent sa porte, tuerent un des domes-
tiques du Prélat, en blesserent un autre
dangereusement, & ne furent empêchez
de porter leurs violences plus loin, que
par les remontrances de l'Intendant qui
leur fit apprehender les suites de ce meurtre, demeuré toutefois impuni, ainsi que
la sedition qu'ils firent contre M. Du
Bousquet autre Intendant, dont ils brû-

lerent le carroſſe dans la place publique ;
ayant dans une autre occaſion jetté un
chat mort ſur le dais ſous lequel on portoit
le Saint Sacrement en proceſſion par la
Ville, & une autre fois trois paletes de
ſang d'un malade, ſans qu'il ſe trouvât perſonne qui oſât dépoſer de ces impietez.

Pierre de Bertier ayant ſuccedé à Anne
de Murviel, ſes manieres civiles jointes à
ſes predications frequentes, à ſes inſtruc-
tions familieres, à ſes viſites, à ſes aumô-
nes, & à ſes autres bonnes œuvres, tou-
cherent extrémement les honneſtes gens ;
mais le Conſiſtoire en apprehendant les
ſuites, défendit de l'aller entendre, juſques là qu'une queſtion de controverſe s'é-
tant müe chez M. Pellot alors Intendant,
le Miniſtre Claude eut défenſes de s'y trouver pour en conferer avec ce Prélat, contre lequel les Propoſans, & les autres factieux continuerent leurs violences en differentes occaſions. Ils prirent un jour celle du paſſage de deux Religieux par Mon-
taüban ; & aprés quelques entretiens qu'ils
eurent avec eux dans le lieu où ils eſtoient
entrez pour prendre leur refection, ils
leur ſuppoſerent qu'ils leur avoient donné
parole

parole d'apoftafier, & voulûrent les mener
au Confiftoire. Mais ces Religieux s'é-
tans fauvez à l'Evêché, les factieux en enfoncerent les portes, & les en arracherent.
Par bonheur le Marquis de S. Luc Lieutenant du Roy de la Province eftant arrivé la veille à Montauban, le Prélat luy
porta fa plainte de cette violence. Si bien
qu'il envoya chercher ces Religieux qu'il
interrogea, & ayant connu que le procedé
de ces Propofans eftoit une fuppofition
qu'ils traitoient de gaillardife, il renvoya
ces Religieux à l'Evêque qui ne les laiffa
fortir que la nuit, & leur fit prendre un
autre chemin.

Cette fedition fut fuivie d'une autre
plus violente, & dont la nommée Jeanne
Moiffet ancienne Catholique fut le fujet.
Elle s'eftoit laiffé fuborner par le nommé
Hebraid dit Capderan, de forte qu'elle fe
pervertit pour l'époufer. Mais ayant avor-
té, & defefperant de furvivre à cet acci-
dent, le remords de fa faute l'obligea de
recourir à l'Eglife. Le Curé de la Parroiffe
la confeffa, luy donna l'abfolution, luy
porta le Viatique & l'Extrême-Onction.
Ce que les Propofans, qui avoient effayé

d'empêcher sa conversion, ayant sçû, ils décloüerent les degrez de l'escalier qui estoit de bois, & ainsi firent tomber cet Ecclesiastique y allant faire sa fonction, de sorte qu'il saillit à se tuer. Ils firent encore pis aprés la mort de cette pauvre femme. Car les Prestres de la Parroisse l'ayant voulu enterrer, Labadie à la teste des Proposans, & des autres factieux s'y opposa. Le Juge-Mage, les Gens du Roy, & les Consuls Catholiques s'y transporterent, & se saisirent d'un des plus mutins, mais on le leur arracha. On ferma les boutiques, on courut aux armes, on batit les Magistrats, on ne traita pas mieux les Ecclesiastiques, & l'on enterra ce corps dans le cimetiere de la Prétenduë Reforme. On joignit même l'illusion à l'insolence. Car le Consistoire obligea les Consuls de la Reforme de dresser des procez verbaux, leur Syndic prit les Magistrats à partie, & se pourvût à la Chambre de l'Edit, où cinq Conseillers du parti furent d'avis de decreter contre les Magistrats, les cinq Catholiques soûtinrent que cela se devoit faire contre les seditieux, déterrer le corps & le rendre à l'Eglise. De sorte que l'affai-

re portée au Conseil en reglement de Juges entre cette Chambre & le Parlement
de Toulouse, elle fut renvoyée en celle de
l'Edit de Paris, qui decreta prise de corps
contre Labadie & plusieurs autres, & ordonna par provision que le corps seroit dé-
terré & rendu à l'Eglise. L'Assemblée generale du Clergé se tenoit alors, & comme elle fut prolongée jusques en 1657. &
que Pierre de Bertier qui en estoit un des
Presidens, avoit reçû tant de Montauban
que d'ailleurs, divers memoires des entre-
prises de la Reforme, il en fit de grandes
remontrances au Roy, qui ajoûta à la Declaration accordée en 1656. au Clergé
pour moderer celle que la Reforme en
avoit extorquée en 1652. quatre Arrests
du Conseil des 11. & 13. Janvier 1657. portant entr'autres choses défenses aux Ministres de porter des robes de Magistrats
que dans leurs Temples, de prendre d'autre qualité que de Ministres de la R. P. R.
& de prêcher en plus d'un lieu, à tout Col-
loque & Consistoire de faire aucune levée
de deniers que conformément à l'Edit de
Nante, & à toutes personnes de chanter
les Pseaumes que dans leurs Temples, &

à voix si basse dans leurs maisons, qu'ils ne pûssent estre entendus au dehors, & autres choses semblables qui ne tendoient qu'à les obliger à garder plus de moderation.

De sorte qu'à mon arrivée avec ces Arrests, & le decret contre Labadie & ses complices, m'étant proposé de le faire mettre à execution, j'appris qu'il s'estoit sauvé à Orange, où il demeura sept à huit ans. Il passa ensuite à Geneve; & parce qu'il ne s'y comporta pas mieux qu'ailleurs, il en fut encore chassé si ignominieusement, qu'estant allé en Hollande, il ne pût obtenir la permission d'y prêcher. Il eut pourtant encore assez d'adresse pour y seduire la Demoiselle de Schurman qui donna dans son fanatisme. On dit même qu'elle le suivit à Hambourg, où il mourut d'une mort conforme à sa vie.

Cependant ceux que la Chambre de l'Edit de Paris avoit decretez comme complices de Labadie, recoururent à Pierre de Bertier, qui desirant bien plus leur conversion que leur châtiment, écrivit au Roy en leur faveur, & en obtint une abolition qui fut regiſtrée au Parlement de Toulouse, avec cette circonſtance qui marquoit la grande bonté de ce Prélat : Que de tout le grand nombre de ces decretez leur ſeul Syndic ſe remit en eſtat, & comparut à l'audiance où cette abolition fut plaidée & enterinée.

Je ne m'arreſte pas à la ſedition qui ſe fit au ſujet d'un Artiſan nommé Corbiac condamné à mort pour un viol, & que les Propoſans enleverent lorſqu'on le tira de priſon pour le conduire à la Chambre de Caſtres ſur ſon appel, non plus qu'à une autre, dans laquelle ces mêmes Propoſans outragerent les Magiſtrats, & arracherent un voleur de grands chemins des mains de l'Executeur ; celle qu'ils firent contre l'Evêché au ſujet du fils du ſieur Leclerc qui s'y eſtoit retiré pour ſe faire Catholique, demande une plus grande attention. Car ils en enfoncerent les portes, en battirent outrageuſement les domeſtiques, prirent noſtre Prélat à la gorge, & enfin luy arracherent des mains ce jeune homme qui s'eſtoit venu rendre de luy-même à l'Evêché.

De cette violence ils paſſerent à une autre en toutes manieres beaucoup plus outrageante, puis qu'elle regarde la perfonne du tres-grand & tres-pieux Armand de Bourbon Prince de Conty alors Gouverneur de Guienne. J'eftois allé le faluer à Bordeaux, & luy rendre compte de ce qui fe paffoit à Montauban, où eftant venu quelques femaines aprés, il édifia tout le monde par fa pieté; mais fa prefence n'infpira pas plus de retenuë aux Propofans. Car comme ce Prince fuivoit fouvent le Saint Sacrement que l'on portoit aux malades, ces infolens affectoient de fe trouver fur fon paffage, & d'y faire cent éclats de rire. Jufques là qu'un jour un d'entr'eux entra dans l'Eglife, & fe mit le chapeau fur la tefte à côté de ce Prince lors qu'on remettoit le Saint Sacrement dans le Tabernacle. De forte que ce Prince luy ayant commandé d'ôter fon chapeau, & de fe mettre à genoux, cet impudent le fut à ce point, que de fe mettre à rire de toute fa force, & par là obligea ce Prince à le faire mettre en prifon. Mais il l'en laiffa fortir le foir à la follicitation du Confiftoire, qui n'en fut pas toutefois plus refpectueux. Car ce Prince s'eftant trouvé le lendemain à l'abjuration que fit Sebaftien

Daubus Miniftre & Profeffeur en Philofo-
phie dans le College de la Reforme, les
autres Miniftres qui avoient découvert fon
deffein, firent ce qu'ils pûrent pour l'obliger à changer de fentiment, jufqu'à l'avoir
tenu long-temps enfermé dans Montauban, & à Tournon. Mais enfin s'eftant
échapé & retiré dans l'Evêché avec fon fils
âgé d'environ huit ans, le Confiftoire fuf-
cita les Propofans qui y entrerent pendant
que ce Prince y dînoit avec ce qu'il y avoit
de plus confiderable dans la Province, enleverent cet enfant; & même ce Prince le
leur ayant demandé, ils l'amuferent pendant trois jours, le luy promirent à midy,
& puis le foir, & enfin luy dirent qu'il
s'eftoit échapé fans qu'on fçût ce qu'il
eftoit devenu. C'eftoit pouffer l'infolence
à fon comble & donner lieu à ce Prince de
reflechir à la maniere dont ils devoient en
ufer à noftre égard, puis qu'ils gardoient
fi peu de mefures au fien. De forte qu'il
fut obligé d'ufer de reprefailles, & de me
laiffer pour cela quatre de fes Gardes, entre les mains defquels je trouvay moyen de
faire tomber Arnaud Braffard un de leurs
Confuls, que ces Gardes emmenerent à

S. Jory où le Prince eſtoit allé coucher.
A cette nouvelle la Ville s'émut, le 'Con-
fiſtoire jetta feu & flamme. Je ne devois
pas vivre vingt-quatre heures ; mais comme par la grace de Dieu, je les ay toûjours
plains beaucoup plus que je ne les ay ap-
prehendez, je leur fis dire que l'unique
moyen de ravoir leur Conſul eſtoit de rendre l'enfant. De ſorte qu'aprés diverſes
aſſemblées du Conſiſtoire, ils prirent ce
parti, l'enfant fut rendu, & le Conſul mis
en liberté.

L'affaire qui ſuivit celle-là fit encore
bien plus d'éclat par ſes ſuites, quoy qu'elle ne fut rien dans ſon principe, mais ils
outroient juſques aux moindres incidens.
L'uſage qu'ont les Jeſuites d'exercer de
temps en temps la jeuneſſe par quelques
declamations, en fut le ſujet. Les Conſuls
Catholiques avoient convenu avec ceux
de la Prétenduë Reforme, qu'une de ces
actions ſe repreſenteroit dans la cour commune du College, où les Jeſuites firent
dreſſer un theatre. Mais il fut à peine en
eſtat, que les Propoſans ſuſcitez par un
Miniſtre nommé Gaillard, le renverſerent,
prétendant que les Conſuls ne pouvoient

pas

pas donner cette permiſſion. Pluſieurs de
ces jeunes acteurs qui repetoient leurs rol-
les, furent bleſſez de coups d'épées & de
bayonnettes, les autres furent pourſuivis
juſques dans l'Egliſe, où on faillit à aſſom-
mer de coups de pierres le Pere de Saint
Martin qui diſoit la Meſſe. On ne ſe contenta pas de cela, on courut à la porte de
l'eſcalier des Jeſuites, qui voyant qu'on
l'enfonçoit, & que l'on y mettoit le feu,
ſe ſauverent dans la tour, & ſonnerent leur
cloche pour appeller du ſecours. Les Magiſtrats s'y tranſporterent, mais ils furent
inſultez d'une maniere ſi outrageuſe, que
noſtre Prélat m'obligea d'y courir avec
ce que je pûs aſſembler de gens reſolus,
qui ſe ſaiſirent d'un Propoſant nommé
Gellius que l'on mit en priſon, où il ne
fut toutefois qu'autant de temps qu'il en
fallut pour aſſembler les factieux qui for-
cerent la priſon, en enleverent le criminel, & tout ce qui s'y trouva d'autres pri-
ſonniers qu'ils menerent en triomphe par
toute la Ville crians, vive la ſainte liberté
de Montauban. Les Magiſtrats doublement
intereſſez dans cette affaire, repri-
rent cœur, informerent, & l'affaire por-

D

tée au Parlement de Toulouse, on decréta
prise de corps contre les plus coupables,
mais ils se pourvûrent en la Chambre de
l'Edit, & à leur ordinaire porterent l'affaire au Conseil Privé, où même ils surprirent le 12. Aoust 1659. un Arrest portant
surceance de l'execution des decrets du
Parlement. De sorte que cet Arrest signi-
fié, les Catholiques s'assemblerent à l'E-
vêché, & de concert avec nostre Prélat,
prirent une déliberation de poursuivre in-
cessamment la cassation de cet Arrest, &
le renvoy au Parlement. Ils me sollicite-
rent même si fortement de leur rendre ce
bon office, que ne pouvant leur resister,
je me mis en chemin pour Paris. Mais
ayant appris à Brive que le Roy estoit en
marche pour Bordeaux, je pris la traverse
& m'y rendis. La Reine Mere, dont le
zele estoit infatigable pour toute sorte de
bonnes œuvres, & à qui je presentay un
placet contre la surprise de cet Arrest, me
reçût si favorablement, qu'elle m'en fit accorder un autre du Conseil d'enhaut le 29.
Septembre suivant, portant que les decrets
du Parlement de Toulouse seroient executez. Mais dans cet entre-temps nos sedi-

rieux tous fiers de ce premier Arreſt, car
ils ne ſçûrent le ſecond que quand le Roy
fut à Touloufe, ſe croyant tout permis,
enleverent de l'Eglife des Capucins la fille
d'un nommé Gomes, & celle d'Olivery,
qui s'y eſtoient renduës pour ſe faire Catholiques. Ils pendirent enſuite Pierre de
Bertier en effigie aux portés de ſa grange.
Ce que le Magiſtrat qui s'y tranſporta
ayant fait effacer, ils en firent courre des
crayons par la Ville, avec des vers qui
contenoient en ſubſtance, que puis qu'on
menaçoit de les pendre, ils vouloient commencer par l'Evêque. Mais le Roy eſtant
venu de Bordeaux à Toulouſe, d'où, aprés
un aſſez long ſejour, il paſſa en Provence;
où je le ſuivis par l'ordre de la Reine Mere,
qui nous avoit fait accorder la tranſlation
de leur College à Puylaurens, j'obtins
d'abondant l'ordre pour la démolition de
leurs treize Baſtions. De forte que je m'en
revins tout conſolé des fatigues de ce voyage; car on ne peut que beaucoup ſouffrir
à la ſuite de la Cour quand on n'a pas la
craye. La Reine fit encore davantage, car
le Marquis de Ruvigny député general de
la Prétenduë Reforme, ayant empêché

D ij

jufques alors que l'on ne mit les decrets
du Parlement à execution, fous prétexte
que comme on traitoit la paix des Pirenées, il pourroit arriver dans Montauban
quelque defordre qui feroit de l'éclat : mais
elle ne prit pas le change, au contraire,
elle voulut que ces Decrets s'executaffent,
& pour cela me fit donner un Lieutenant
du grand Prevoſt, deux de ſes Archers,
& les Gardes du Prince de Conty. Les
decretez toutefois ayant éventé la méche,
gagnerent la campagne, de quoy on ſe
contenta de dreffer un procez verbal. Car
noſtre Prélat n'avoit en vûë que d'affurer
les Catholiques, & de reprimer les infolences des feditieux : Mais bien loin de luy
fçavoir gré d'une conduite ſi charitable,
dont ils eſtoient fouvent forcez de rendre
témoignage, ils s'aviferent pour ſe vanger
de la tranflation de leur College, de chaffer un matin tous les Manufacturiers Catholiques au nombre de fept à huit vingt
familles que l'Evêque, pour ne les pas
laiffer fortir de Montauban, fut obligé
de nourrir pendant deux mois, au bout
defquels M. de la Vrilliere leur manda par
ordre du Roy, que s'ils ne les maintenoient

pas dans leur travail ordinaire ; & ne renvoyoient ceux des Sevenes, dont ils se prétendoient servir à leur place, on leur envoyeroit des hostes qui les y obligeroient.

A quoy le Consistoire obeït, & l'on peut dire que ce fut en quelque façon la premiere fois, moins pourtant de bon gré qu'à cause des affaires particulieres qui l'occuperent pendant tout le reste de cette année mil six cens soixante au sujet de M. Arbussy Ministre que le Synode de Loudun tenu au mois de Novembre 1659. avoit declaré suspens. C'estoit un levain fomenté par ceux qui avoient soûtenu Labadie : mais ils ne se furent pas plûtôt accordez, qu'ils en revinrent aux Catholiques, qui ne voyant pas de meilleur moyen de reparer leurs disgraces que de redemander la Cour des Aydes de Caors que la Reine Mere leur avoit accordée, mais dont ils n'avoient joüi que six semaines, parce que le Cardinal Mazarin la fit retourner à Caors à la priere du Marquis de Ruvigny. De sorte que je fus obligé de partir pour essayer d'en obtenir une seconde translation. Je ne pûs encore toutefois en venir à bout, & cependant mon voyage ne fut pas abſolument inutile, car j'obtins pluſieurs Arreſts du Conſeil pour reprimer les entrepriſes journalieres des Miniſtres, & du Conſiſtoire qui n'avoit pas voulu remettre aux Jeſuites les clefs des claſſes de leur College transferé. Ce qui leur donnoit occaſion de faire de continuelles inſultes à ces Peres, dont on m'envoya les nouvelles procedures qui me ſervirent à obtenir un ordre du Roy pour retirer ces clefs de leurs mains.

Cela m'obligea de m'en revenir par Bordeaux où eſtoit M. Hotman Intendant de toute la Guienne. L'execution de cet ordre luy eſtoit fort recommandé, c'eſt pourquoy il ſe rendit ſix ſemaines après à Montauban. Mais il s'en fut à peine expliqué, que le Conſiſtoire ſouleva toute la Ville. On courut aux armes, on aſſiegea l'Intendant dans ſa maiſon, on amaſſa de la paille & des ſarmens pour mettre le feu à ſa porte. On le tint en cet eſtat pendant un jour & une nuit, & il ne ſe tira de ce mauvais pas qu'en leur accordant la ſurceance de l'execution de cet ordre qu'ils diſoient que j'avois ſurpris, & qu'ils ſe flatoient de faire

revoquer. Le contraire arriva toutefois,
car l'information de cette revolte envoyée
au Conseil, l'Intendant eut un second ordre d'executer le premier, & de faire le
procez aux coupables. Ce qui fut suivy
pour l'appuyer d'un troisiéme ordre au
Marquis de Saint Luc de se rendre inces-
samment à Montauban, où il vint en effet
avec quatre mil hommes tant de Cavalerie
que d'Infanterie. Vous pouvez juger quel-
le consternation ce fut pour une Ville qui
jusqu'alors s'estoit piquée de vivre dans
l'indépendance, & qui de la peur qu'elle
avoit faite à l'Intendant, se vit soumise à
la justice de son ressentiment. Il en usa
toutefois d'une maniére d'autant plus mo-
derée, que le sort ne tomba que sur deux
miserables qui furent pendus en effet, &
quelques autres condamnez par contumace. Mais sur l'avis que nous eumes que le
Consistoire avoit député secretement les
sieurs de Viçose, & de Pechels à la Cour
avec des mémoires remplis de mensonges,
& que M. de Turenne les appuyoit, nostre
Prélat, & même l'Intendant, en prirent
l'alarme, & m'obligerent de remonter à
cheval. Le Roy estoit alors en Bretagne,

& je fus affez heureux pour me rencontrer
à Orleans quand Sa Majefté y paffa pour
aller à Fontainebleau, où je la fuivis à petites journées. Mais je faillis à m'en bien
repentir ; car y arrivant un peu trop tard,
je trouvay M. de la Vrillere qui fe prome-
noit à l'entrée de la foreft, & qui me dit
que ces députez avoient obtenu ce qu'ils
avoient demandé ; mais qu'il n'avoit encore rien figné. Je le priay d'en demeurer
là jufques à ce que j'euffe parlé à la Reine
Mere, à qui je reprefentay fi efficacement
le peu de foy que l'on devoit à ce que ces
députez difoient, que non feulement on
revoqua ce qu'on leur avoit accordé, mais
on ordonna que l'on continueroit la procedure, que les Troupes demeureroient,
que les Confuls de la R. P. R. feroient
fupprimez, & que le Confulat feroit à
l'avenir tout Catholique. On rendit même ces députez porteurs de ces ordres,
qu'ils croyoient les mêmes que ceux qu'ils
avoient vûs le jour precedent. De forte
qu'eftant arrivez à Montauban, le Confiftoire fit des feux de joye fur leur rapport.
Mais à l'ouverture du paquet la confterna-
tion fut d'autant plus grande, que fur le
champ

champ le Marquis de Saint Luc, & l'Intendant firent venir les Confuls avec leurs
robes & le chaperon, les leur ôterent &
en reveftirent à leur place des Catholiques.
Le lendemain l'Intendant avec le Prefidial
continua la procedure, & fit enfin le procez à divers coupables par contumace, de
quoy je rendis compte à la Reine Mere,
& m'en revins avec de bonnes paroles de
Sa Majefté touchant la tranflation de la
Cour des Aydes.

Mais parce qu'aprés le départ des gens
de guerre le Confiftoire ne refpiroit que
des menaces, & qu'en effet plufieurs Ecclefiaftiques & autres Catholiques furent
fort maltraitez en differentes occafions,
ils s'affemblerent enfin le 18. Octobre 1661.
dans l'Evêché, & delibererent que pour
s'affurer contre ces violences, on députe-
roit pour demander au Roy une citadelle,
où au moins la Cour des Aydes à l'exemple de Montpelier, où les Catholiques
n'avoient efté en feureté que par ce moyen. Je fus encore chargé de cette com-
miffion par une Procuration fignée de trois
à quatre cens Catholiques. J'eus toutefois de la peine à m'y refoudre, car j'eftois

E

extrémement fatigué. Mais les follicita-
tions de noftre Prélat, & de tant d'hon-
neftes gens expofez à tant d'avanies, me
firent refoudre de remonter à cheval.

Je ne parlay néanmoins eftant arrivé que
de la tranflation du Siege Epifcopal dans
une autre ville du Diocefe. Mais la chofe
ne fut pas approuvée, au contraire, on dit
que s'il n'eût pas efté dans Montauban, il
eût fallu l'y mettre; & alors je propofay
la Citadelle, & en donnay tant de raifons,
qu'elle fut refoluë. J'en donnay le plan
fur le fond du Convent des Dominicains,
qui n'eftoient pas encore rebâtis : & comme c'eft le lieu le plus élevé, & qui domi-
ne la Ville, on arrefta que l'on y feroit
quatre Baftions. Mais comme on eftima
que le tout coûteroit huit cens mille livres,
outre l'Artillerie, un Gouverneur, & la
garnifon, l'affaire traîna pendant deux
mois fans que je fiffe autre chofe que de
me prefenter de fois à autres devant la Reine Mere qui témoignoit eftre fachée de
ce que l'affaire s'avançoit fi peu. De forte
qu'en ayant entretenu M. le Prince de
Conty, je luy fis agréer que laiffant la
Citadelle, je m'attachaffe à demander la

Cour des Aydes. J'en fis en effet la pro-
position à la Reine Mere un matin qu'elle
estoit seule avec Madame la Comtesse de
Flais. Si bien que Sa Majesté me voyant
me parla des grandes difficultez qu'il y
avoit à trouver le fond de cette Citadelle.
Sur quoy cette Dame aussi pieuse que fa-
miliere avec la Reine, prit la parole, &
(comme je luy avois témoigné que nous
serions aussi contens de la Cour des Aydes) elle dit à Sa Majesté, que je luy avois
proposé un moyen do finir cette affaire
promptement & avantageusement. Sa Majesté me demanda dequoy il s'agissoit, &
je luy répondis qu'une peau de parchemin
& demie livre de cire épargneroient au Roy
toute cette dépense. Elle se prit à rire,
& Madame la Comtesse de Flais luy ayant
dit que je voulois parler de la translation
de la Cour des Aydes de Caors à Montauban , je luy expliquay les avantages
que nous en esperions à l'exemple de celle
de Montpelier ; & ajoûtay que j'avois proposé la chose de la part de nostre Prélat à
M. le Prince de Conty qui l'avoit fort approuvée. De sorte qu'aprés avoir esté quelque temps sans rien dire , elle m'en deman-

da un memoire, que je luy portay le foir. J'en donnay un femblable à M. de la Vrilliere, & un autre à M. le Tellier. Le Pere Annat même en parla au Roy, qui s'eftant fait lire mon memoire dans le Confeil, l'affaire fut refoluë fur le champ.

Ce que cette Compagnie ayant appris, elle députa le Prefident le Franc, qui avec trois autres Officiers fe rendit à la Cour pour reprefenter le grand préjudice qu'ils recevroient de cette tranflation. Mais le bien public prévalut fur l'intereft particulier. On donna des augmentations de gages à ceux de ces Officiers qui eftoient de Caors, & par ce moyen cette tranflation fe fit avec autant d'agrément de leur part, que d'avantage pour les Catholiques de Montauban, fortifiez par ce moyen d'une colonie de cent à fix vingt familles auffi puiffantes que bien intentionnées. Ainfi je m'en revins fort fatisfait de ma negotiation ; & noftre Prélat ne s'occupa plus qu'à prêcher & catechifer, en ayant toute forte de liberté. Il s'appliqua également à examiner l'Edit de Nante, à caufe des contraventions qu'y avoient faites en differens temps les Prétendus Reformez, non feule-

ment de Montauban, mais de plufieurs autres lieux. De forte qu'en ayant dreffé divers memoires, je retournay à la Cour,
& les ayant communiquez au Pere Annat,
& à M. de la Vrilliere, j'obtins la Declaration du mois d'Avril 1663. contre les re-
laps, c'eft à dire, ceux qui de la Prétenduë
Reforme, s'eftans faits Catholiques, re-
tournoient à la Reforme, & même contre
les Preftres, Moines & autres Catholiques
qui fe feroient de la R. P. R. Les Miniftres
prétendirent par divers imprimez que cette Declaration préjudicioit à l'Edit de
Nante; mais je prouvay par une réponfe
que j'y fis, qu'elle ne contenoit rien que
de conforme à cet Edit, & à fes articles
fecrets : & comme ils n'eftoient plus en
eftat de continuer leurs defordres, ils paf-
foient leur mauvaife humeur à faire des
libelles, dont l'un intitulé le tombeau de
la Meffe, caufa beaucoup de fcandale,
eftant auffi impie qu'extravagant. Un Miniftre de Nifmes en eftoit l'auteur; mais
quoy qu'il l'eût datté de Geneve, il avoit
efté imprimé à Paris, d'où il l'avoit fait
courre par tout le Royaume, & principalement dans Montauban. Si bien que nô-

tre Prélat m'en ayant envoyé un exemplaire, je le donnay à M. de la Vrilliere, qui en fit si bien rechercher l'Auteur & les Imprimeurs, que par Arrest du Conseil du 29. Janvier 1664. il fut ordonné qu'il seroit brûlé par la main du Bourreau, l'Auteur banni du Royaume à perpetuité, & les Imprimeurs condamnez en mil frans d'amende à l'hôpital general.

J'ay dit au commencement qu'il y avoit deux grands Temples dans Montauban, le vieux qui estoit bâti sur le fond d'une maison de l'Evêque, & le neuf sur le fond d'une Chapelle autre fois servie par deux Prestres établis pour le service spirituel de l'hôpital de Lautier joint à cette Chapelle. De sorte que M. Pellot qui avoit succedé à M. Hotman, ayant esté commis par le Roy avec un adjoint de la R. P. R. pour connoistre des contraventions faites à l'Edit de Nante, autres Edits, Arrests & Reglemens en consequence, les Chapellains de cette Chapelle intenterent en 1664. procez au Consistoire pardevant eux, en délaissement de ce Temple comme bâti sur un fond sacré. Mais quoy que cette demande fût conforme à cet Edit, il y eut

partage qui fut porté au Conſeil, à la ſuite duquel je fus obligé de me rendre. Le
députe du Conſiſtoire uſa de toutes les
chicanes imaginables pendant trois mois,
& ſous la protection de M. de Turenne qui
n'eſtoit pas encore converti, me fatiga tellement, que j'en tombay malade à l'extremité dans Fontainebleau. J'obtins toutefois de la Reine Mere que l'affaire ne ſe
jugeroit point que je ne ſuſſe gueri, ou
que noſtre Prélat, à qui je fis écrire mon
eſtat, ne fût arrivé. Si bien qu'eſtant venu
& ma ſanté rétablie, je repris les erremens
de l'affaire, qui recevoit d'autant moins de
difficulté, qu'outre que par cet Edit on
devoit rendre aux Eccleſiaſtiques les fonds
qui ſe trouveroient avoir eſté uſurpez ſur
l'Egliſe, je produiſois deux actes tirez des
Regiſtres de noſtre Hoſtel de Ville, par
leſquels le ſieur Noalhan Avocat s'oppo-
ſoit au bâtiment de ce Temple ſur un fond
Eccleſiaſtique, qu'il faudroit rendre un
jour ; & ſoûtenoit que par cette raiſon,
il le falloit bâtir autre part. De ſorte que
le député du Conſiſtoire n'ayant rien à ré-
pondre à ces actes, conſentit tacitement à
la démolition de ce Temple, laquelle fut

ordonnée par Arreſt & executée, une Croix ayant eſté élevée au milieu de la place où il eſtoit.

Cependant comme je m'apperçûs à mon retour que les autres Arreſts ne s'execu-toient point, je preſentay une Requeſte à M. Pellot, qui fit avec ſon adjoint le 23. Juin 1665. un Reglement relatif à ces Ar-reſts, & qui portoit entr'autres choſes que les enfans dont les peres ſeroient Catho-liques, & les meres de la R. P. R. ne ſe-roient baptiſez & inſtruits qu'à l'Egliſe; que les garçons de quatorze ans, & les filles de douze qui ſe convertiroient, ſe-roient nourris chez leurs peres & meres paiſiblement, ſi mieux ils n'aimoient leur payer penſion; avec défenſes aux Maiſtres d'Ecoles de la Reforme d'enſeigner aux en-fans qu'à lire & écrire; aux Miniſtres de parler qu'avec reſpect de la Religion Ca-tholique, de rien faire imprimer ſans l'ap-probation d'un Magiſtrat, de tenir aucu-ne aſſemblée la nuit dans leurs Temples, ni ailleurs; à toutes perſonnes de chanter leurs Pſeaumes dans leurs maiſons qu'à voix ſi baſſe, qu'on ne les pût entendre de dehors; de ne faire leurs Enterremens qu'aux

qu'aux heures marquées ; d'impoſer ni lever aucunes ſommes de deniers que conformément à l'Edit de Nante, & injonc-
tion de remettre aux armes du Roy qui
eſtoient dans l'Hoſtel de Ville & ailleurs,
la figure du S. Eſprit qu'ils en avoient ôtée ;
de décharger entierement les perſonnes
qui ſe convertiroient du payement de leur
part des dettes contractées par la Prétenduë Reforme ; aux Artiſans de ne travail-
ler les Feſtes à boutique ouverte ; à tous
Bouchers, ſoit Catholiques, ſoit de la Reforme, de n'étaler ni vendre de la chair
les jours défendus par l'Egliſe ; & aux Hô-
tes & Cabaretiers d'en adminiſtrer ; à toutes perſonnes de la Prétenduë Reforme de
faire Teſtamens ni legs au profit du Conſiſtoire & autres particuliers ; de ſuborner
ni Valets ni Servantes ſous prétexte de
mariage ou autrement. Ce qui fut ſignifié
au Conſiſtoire & affiché en divers endroits
de la Ville.

Cela les contint pendant quelque temps,
c'eſt à dire, juſques à la fin de l'année ſui-
vante, qu'outre les quatre Miniſtres que
le Roy leur permettoit d'avoir pour le
Temple qui leur reſtoit dans Montauban,

F

on découvrit qu'ils y avoient appellé les
nommez Senil, Bardeau, Lafontaine, Benech, Charles, Albouy, Belveze, Bastid
fils, Bertelié, Solignac, & Bernous, &
même le nommé Loquet, pour y enseigner
la Grammaire & le reste des Humanitez,
les autres y enseignant la Philosophie &
la Theologie. Ils y faisoient aussi des assemblées secretes, & se rendirent par là
tellement suspects à M. Pellot, que par son
Ordonnance du 14. Novembre 1666. il
fit sortir de la Ville tous ces Ministres surnumeraires.

Ce calme donna moyen à nostre Prélat de transferer dans Montauban son Seminaire qui estoit à Castelferrus, & même de jetter les fondemens tant de cet
admirable jardin bâti sur le fond de nostre
ancienne Eglise qui estoit hors la Ville,
que du Palais Episcopal sur les masures
d'un vieux Château du Comte de Touloufe, dont le Roy luy donna le fond, &
dans la suite de quoy le faire achever.

Il y avoit eu de tout temps douze forges
dans l'étendue de la jurisdiction de Montauban, dont six appartenoient au Roy,
& les six autres à l'Evêque. Mais la Pré-

tenduë Reforme s'eſtant ſaiſie des ſix dér-
nieres, il fallut pour les retirer eſſuyer un
grand procez au Parlement de Bordeaux,
où l'affaire avoit eſté renvoyée à cauſe des
parentez qu'avoit noſtre Prélat en celuy
de Toulouſe. J'avois fait juger à Bordeaux
ce different par un Arreſt contradictoire
en 1658. De ſorte que comme la Reforme
avoit prétendu que de trois cantons qui
compoſoient la Seigneurie & Juriſdiction
de Montauban, il y en avoit deux en
franc-aleu, il fallut encore eſſuyer un grand
procez au Conſeil, où l'affaire avoit eſté
portée. C'eſtoit l'intereſt du Roy auſſi
bien que celuy de l'Evêque, parce qu'ils
en ſont Seigneurs par indivis. L'affaire fut
fort diſcutée, & leurs chicanes auſſi longues qu'importunes, mais enfin j'en vins à
bout, les deux cantons ayant eſté declarez
aſſervis comme le troiſiéme par Arreſt contradictoire du   1669. avec dé-
pens.

Ainſi l'illuſtre Pierre de Bertier aprés
tant de riſques & de travaux, eut la con-
ſolation de voir avant ſa mort arrivée le 27.
Juin 1674. Montauban ſinon converti, au
moins en eſtat de l'eſtre bien-tôt. Il avoit

tellement calmé les efprits , qu'on peut
dire que de cet excez de fureur où ils
eftoient, il les avoit mis par fes manieres
obligeantes en eftat de lire & d'écouter.
Car c'eftoit ce qu'il leur avoit toûjours demandé comme un moyen certain de fe défaire de leur prévention , & d'entrer dans
la connóiffance des veritez qu'il leur avoit
préchées.

Cette mort affligea tous les gens de bien.
Mais la Reforme en prétendit tirer deux
grands avantages, le rappel de fon College à Montauban, & le renvoy de la Cour
des Aydes à Caors. Plûfieurs chofes con-
coûroient à les flater de l'efperance d'y
reüffir, le défaut de protection caufé par
la mort de la Reine Mere , & celle du
Prince de Conty, le bruit qui couroit que
le Roy avoit befoin d'argent, & l'offre que
l'on prétendoit faire pour cela d'une fom-
me de quatre cens mil livres. De forte
que la Cour des Aydes en ayant fçû la
premiere nouvelle, comme par plufieurs
raifons elle fe trouvoit bien à Montauban,
elle députa pour parer ce coup. M. de Bo-
ria l'un de fes Confeillers, & nos principaux Catholiques joints à noftre Clergé,

me presserent tellement de me charger de
cette affaire, que je ne le pûs refuser. Je
ne cherchay point d'autres patrons que M.
l'Archevêque de Paris, & M. le Tellier,
qui appuyerent si efficacement le placet
que je presentay au Roy, que Sa Majesté
défendit de luy plus parler de cette affaire.
Je fis même quelque chose de plus avan-
tageux; car j'engageay ces Messieurs par
tant de raisons à nous procurer un Evêque, que huit jours après Sa Majesté nous
accorda Jean-Baptiste Michel Colbert de
Saint Poüange, qui nous consola de nos
pertes tant toutes choses nous réüssirent
sous sa main. Car outre l'établissement de
nôtre Hôpital, dont nous luy sommes re-
devables, il fit bâtir la Chapelle de l'E-
vêché qui en est le plus bel ornement,
embellit les logemens, fit construire le jardin qui y tient, & obtint du Roy dequoy
commencer nôtre Eglise. Si bien que
toutes ces choses, son credit, & ses manieres d'agir continrent de sorte la Reforme, que Montauban parut aussi pacifique
qu'il avoit esté turbulant.

Ce qui se remarqua particulierement
à la lecture de l'Avertissement Pastoral.

Car le Clergé de France s'eſtant aſſemblé
à Paris en 1682. pour pluſieurs grandes affaires, s'appliqua particulierement à celle
de la Religion. Et comme tant du coſté
de Montauban que des autres lieux où il y
avoit des gens de la Prétenduë Reforme,
les choſes eſtoient en d'autant meilleur
eſtat, qu'il s'en convertiſſoit journellement
pluſieurs, on crut qu'il ne falloit pas manquer une ſi belle occaſion d'exciter les autres à les imiter. Dans cette vûë le Clergé fit cet Avertiſſement fameux, & le leur
adreſſa. Le Roy appuya ce deſſein, &
voulut qu'un ouvrage ſi pieux & ſi impor-
tant fût lû à tous les Conſiſtoires de la Prétenduë Reforme.

Cette action fut ſi celebre, que je croy
n'en pouvoir mieux rappeller les circonſtances que par le recit de la maniere dont
elle ſe fit dans le Temple de Montauban
le 17. Janvier 1683. Car l'Aſſemblée du
Clergé ayant envoyé cet Avertiſſement à
noſtre Prélat, il me chargea d'en faire la
lecture, & M. Foucaut alors noſtre Intendant, eut ordre du Roy d'y inviter le Conſiſtoire, & de m'y conduire. Si bien que
m'eſtant rendu chez luy accompagné du

grand Archidiacre, & de deux Chanoines de noftre Eglife, il nous mena au Temple vieux qui eftoit celuy qui leur reftoit. Deux Miniftres & douze Anciens nous reçûrent à la porte, & nous conduifirent au milieu du parterre devant une petite table couverte d'un tapis vert avec deux fauteüils d'un cofté, dans l'un defquels fe mit M. l'Intendant, & moy dans l'autre, les Ecclefiaftiques & les autres Catholiques s'eftant affis fur des bancs à nos coftez; & les Miniftres, les Anciens, & plufieurs autres perfonnes de la R. P. R. de l'autre côté de la table. Comme la foule eftoit grande, on fut quelque temps à fe placer, & à faire filence; & alors M. l'Intendant s'adreffant aux Miniftres & Anciens leur dit, qu'il avoit ordre de Sa Majefté de m'amener là pour leur parler de la part de l'Eglife Gallicane, & leur faire la lecture de fon Averriffement Paftoral. Ce qu'il eut à peine achevé, que le fieur Izarn l'un des Miniftres fe leva, & luy répondit debout & nu tefte, qu'encore qu'ils ne reconnuffent point la jurifdiction du Clergé, ils obeï- roient à l'ordre du Roy, & écouteroient ce qu'on leur diroit, & la lecture qu'on

leur vouloit faire, mais qu'ils proteſtoient
que c'eſtoit ſans préjudice de leurs privileges portez par les Edits & Declarations
do Sa Majeſté. Lorſqu'il eut achevé je
quittay mon chapeau, pris mon bonnet
carré, comme cela m'eſtoit preſcrit par le
Clergé, & aprés avoir ſalué M. l'Intendant & toute l'Aſſemblée, je leur fis un
petit diſcours touchant leur ſeparation de
l'Egliſe, hors laquelle il n'y a point de ſalut. Je m'étendis enſuite ſur le défaut de
Miſſion de ceux qui les en avoient ſepa-
rez, & les invitay à s'y réünir. Je leur lûs
aprés cela l'Avertiſſement en Latin & en
François, dont je leur diſtribuay pluſieurs
exemplaires, & ce fut où finit cette action,
qu'il fallut reïterer dans le Temple de Mau-
zac avec toutes les mêmes circonſtances,
M. Foucaut en ayant receu l'ordre.

De ſorte que comme ce que contenoit
cet Avertiſſement eſtoit ſans replique, les
Miniſtres garderent le ſilence par tout hormis dans le bas Languedoc, où ceux du
Vivarez firent des aſſemblées particulieres, dans leſquelles ils delibererent d'en
tenir une plus nombreuſe à Toulouſe qu'ils
y indiquerent au 7. May 1683. non pas que
Toulouſe

Toulouſe fût du complot, mais parce qu'ils
s'y croyoient cacher plus aiſement qu'ailleurs. Ce qui en effet leur réüſſit. Car le
grand monde qui habite cette ſeconde Ville du Royaume, empêcha que l'on ne s'en
apperçût. De ſorte qu'ils delibererent que
le 27. Juin ſuivant ils commenceroient par
prêcher dans les lieux interdits, ſur les
montagnes, dans les bois, & dans les jar-
dins; qu'ils tiendroient des Colloques ſe-
crets, & qu'ils ne defereroient à aucune
procedure qui ſe feroit ſur ce ſujet; qu'en
cas qu'on envoyât des Troupes contr'eux,
ils s'enttedonneroient main forte, & ſe
rendroient aux lieux qui ſeroient attaquez;
qu'on leveroit pour cela des compagnies;
qu'on ſe ſaiſiroit d'un paſſage ſur le Rône;
que l'on feroit des memoires de ceux qu'ils
appelloient leurs perſecuteurs, ſoit Prê-
tres, ſoit Gentilhommes & autres, dont
on envoyeroit les portraits; & que l'on
prieroit les ſieurs d'Entragues de ſe mettre
à la teſte des Troupes. Ce qui fut approu-
vé dans une aſſemblée tenuë à Vernous,
& dans une autre tenuë à Chalançon le
30. Juillet, & dans laquelle on delibera
que chaque Conſiſtoire ou Communauté,

declareroit combien elle pouvoit mettre
d'hommes fur pié, que chacune feroit taxée
à quarante livres pour fournir aux frais de
l'entreprife, & que même on taxeroit en
particulier les aifez.

On prit enfuite les armes, on fe rendit
à Chalançon, on fe faifit du château de
Chambaud, & de celuy de Pierre Gourdé,
on y mit garnifon, on précha dans les lieux
interdits, & on députa des gens dans les
Provinces pour en animer les Confiftoires
à entrer dans ce projet. Il en vint deux
hommes à Montauban, mais perfonne ne
les voulut écouter, que Verdier & un autre que M. Foucaut, quand la chofe fut
fçûë, fit releguer. De forte que n'ayant
pas efté mieux receus ailleurs, & Nifmes
qui avoit promis de groffes fommes, n'a-
yant donné que mil frans, Lyon que deux
cens, Ufez que cent cinquante, & An-
noncy que foixante-quinze, cela fit con-
noiftre aux auteurs de l'entreprife qu'ils
eftoient plus mal fecondez qu'ils ne fe l'é-
toient imaginez. Ce qui joint à la nouvelle
que quelques Troupes du Roy marchoient
contre le Vivarez, les fit raffembler à Chalançon, où des gens plus fenfez que les

autres, firent déliberer de mettre bas les
armes, de ne plus prêcher dans les lieux
interdits, & d'implorer la clemence de Sa
Majesté, qui sur les remontrances qu'on
luy fit que ce peuple avoit esté seduit par
des Ministres seditieux, luy accorda amnistie. Mais l'envoy en ayant esté differé
de quelques jours, ces mêmes seditieux
qui s'en croyoient exceptez, tinrent une
nouvelle assemblée le 29. Septembre, &
ayant publié qu'il n'y avoit point d'amnistie, engagerent ce peuple à faire un déta-
chement qui alla insulter quelques Troupes du Roy postées vers Chalançon. Mais
il fut repoussé avec perte du costé de ces
malheureux, que l'on se disposoit même
de forcer dans leurs retranchemens, quand
un Commissaire envoyé par M. d'Aguef-
seau Intendant de Languedoc arriva sur le
lieu, & y publia l'amnistie. Ce qui fut
receu avec autant de joye, que d'animo-
sité contre ces Ministres, dont plusieurs furent arrestez, & les plus coupables condamnez à mort, & executez.

Ce qui decredita extrémement les autres dans Montauban, où au mois d'Aoust
1685. il arriva un changement que l'on ne

peut attribuer qu'à un miracle vifible de la
grace. J'avois eu quelques entretiens par
écrit avec quelques Miniftres, M. Daraffus
l'Avocat avec qui j'eftois lié d'une amitié
particuliere depuis plufieurs années, en
eftoit l'entremetteur. De forte que comme leurs écrits ne le fatisfaifoient pas, &
que je le voyois pancher du cofté de la réü-
nion, je luy en parlay fi fouvent qu'il me
dit un jour, que ce qui le retenoit, ainfi
que plufieurs autres, eftoit que chacun
regardoit qui romproit la glace le premier.
Je luy répondis qu'il eftoit aifé de remedier à cette primeur, & que pour cela
nous n'avions qu'à faire une lifte des bien
intentionnez, afin de les porter à s'affem-
bler, & à fe convertir tout à la fois. L'ex-
pedient luy plut, nous fifmes & refifmes
plufieurs fois cette lifte : & comme nous
crûmes que M. Satur qui eft un Avocat
celebre, donneroit un grand poids à cette
affaire, je m'adreffay à M. le Franc, & à
M. Grimal Confeiller de la Cour des Aydes, & fes amis familiers. Leur negotiation réüffit, il fe mit de la partie avec plufieurs autres perfonnes de fa connoiffance.
Je ne m'arrefte point aux divers obftacles

que nous rencontrâmes dans l'execution
d'un si saint projet. Il ne se fait rien de bien
sans contradiction. Je diray seulement que
toute cette affaire roulant sur une trentai-
ne de ces bien intentionnez, ils resolu-
rent de s'assembler. Je le communiquay à
nostre Prélat qui en fut charmé. Il en parla à M. de la Berchere alors nostre Intendant, & leur en obtint la permission. Ils
examinerent dans la premiere assemblée
les motifs de la separation, & les trouverent si peu fondez dans la seconde qui fut
de cent cinquante personnes tous chefs de
famille, qu'ils délibererent unanimement,
qu'attendu que hors l'Eglise il n'y a point
de salut, & que leurs auteurs s'en estoient
separez si mal à propos, ils vouloient donner au Roy cette satisfaction pendant son
glorieux Regne, de se réünir à l'Eglise
Catholique, Apostolique & Romaine,
pour y vivre & mourir.

Ils porterent sur l'heure même cette Déliberation à M. de la Berchere qui les mena à l'Evêché où nostre Prélat les reçût
dans sa Chapelle, & leur donna l'absolu-
tion. Ils furent conduits de là dans l'E-
glise Cathedrale, où en action de grace

on chanta le *Te Deum*. Je ne puis vous dire qui d'eux ou de nous en témoigna plus de confolation. Mais autant que de noftre part nous admirions un fi puiffant effet de la grace, autant de la leur marquoient-ils en eftre touchez par leurs embraffemens, & les autres témoignages de joye qu'ils en faifoient paroiftre. Le refte du peuple tant de la Ville & des Faux-bourgs, que des lieux circonvoifins, fuivit cet exemple. De forte qu'en moins de douze jours nous donnâmes l'abfolution à quatorze mil trois cens perfonnes. Enfuite de quoy noftre Prélat commit des Predicateurs, & des Catechiftes dans toutes les Eglifes, où les Feftes & Dimanches ces zelés prozelites fe rendoient pour eftre inftruits & éclaircis fur les difficultez que leur pouvoient refter. De forte que les Eglifes pouvoient à peine les contenir. Ce qui fit tant d'éclat, que la Gafcogne, l'Agenois, le Perigord, le Quercy, le Roüergue, & le Languedoc, excitez par un fi grand exemple, n'y pûrent refifter. Les autres Provinces de proche en proche les imiterent avec tant de fuccez, qu'on peut dire qu'en fept à huit mois la France ayant paru toute Catholique, le Roy prit ce temps pour revoquer l'Edit de Nante, & par ce moyen tout exercice de la prétenduë Reforme.

Cette ferveur toutefois fut interrompuë par la guerre de toute l'Europe liguée contre la France, & par la tranflation de nôtre Evêque à l'Archevêché de Touloufe. Mais Henry de Nefmond Abbé de Chefi luy ayant fuccedé, nous indemnifa avantageufement de cette tranflation par fes Predications, ainfi que par fes fçavans & éloquens Ecrits. De forte que la Paix faite, & M. le Gendre qui a fuccedé dans l'Intendance de Montauban à M. de la Houffaye, & à fes bonnes intentions, ayant reveillé cette ferveur comme affoupie pendant la guerre, nous avons d'autant plus de fujet de croire qu'elle continuera, que les plus prévenus de nos Freres feparez font non feulement fort paifibles, mais tresaffidus à l'Eglife. Jugez, Mes Freres, fi nous n'avons pas fujet d'admirer l'eftat prefent de Montauban fi different du paffé: Si, dis-je, nous ne ferions pas des ingrats de n'en pas rendre à Dieu des graces continuelles, & à ne pas redoubler nos prieres

pour noftre grand & invincible Monarque,
qui s'applique avec tant de foin à tout ce
qui regarde la Religion.

F I N.

TROISIE'ME
PROMENADE
DE
TEMPE',
OU

MEMOIRES HISTORIQUES
tant de l'ancienne Gaule & de la France,
que de la Generalité & Intendance de
Montauban.

*Par HENRY LE BRET Prevôt du Chapitre
de l'Eglise Cathedrale de Montauban.*

A MONTAUBAN,

Chez RAYMOND BRO, Imprimeur &
Libraire de la Ville & du College. 1701.

A MESSIEURS DOUVRIER
Grand-Archidiacre de l'Eglise de Mon-
tauban, DE FAUDOUAS DE SEGUEN-
VILLE Theologal de la même Eglise, &
DARASSUS Seigneur de Tempé sur
Tescou.

MESSIEURS,

Comme nous parlâmes de l'éloquence dans
nôtre premiere Promenade de Tempé, & du
jeu dans la seconde, & que ce que j'en donné
au public fut bien receu, j'ay crû que vous
ne seriez pas fâchez que sous vos auspices
je fisse voir le jour à la troisiéme; d'autant
plus qu'étant un resultat de tous les faits historiques dont nous nous entretimmes, vous y
eûtes trop de part pour n'en pas avoir au bon
gré que je presume qu'on nous sçaura d'avoir
renouvellé tant de choses si curieuses, &
ignorées de beaucoup de gens.

J'ay divisé le tout en deux parties dont la
premiere contient un abregé de beaucoup de
faits de l'Histoire tant ancienne que moderne;
& la seconde, un détail de ce qu'on apelle la

Generalité de Montauban. Il est agreable &
souvent utile de ne pas ignorer l'Histoire de
son païs, & il s'est passé en celui-cy des eve-
nemens trop considerables pour ne les pas sçavoir. Il seroit même à souhaiter que l'exemple de ces sortes de Promenades pût estre imité,
comme un moyen de n'en faire que d'utiles,
& d'employer le tems mieux souvent qu'on ne
fait. Ceux qui se plaignent que la vie est trop
courte, se desabuseroient. En effet, satis tem-
poris habemus sed multum perdimus, comme
cela se voit dans deux genres de personnes
bien differentes : Car les uns, soit par leurs
emplois, soit par leurs grands Ouvrages qu'ils
donnent au public, témoignent qu'ils n'ont
pas sujet de reclamer contre la briéveté de la
vie, puis qu'ils s'en servent si utilement ; Au
lieu que les autres la passent sans presque s'en
apercevoir : Ultima demum necessitate co-
gente quam ire non intellexerunt transisse
sentiunt. Nôtre Jeunesse dira peut-estre, que
cette reflexion sent l'homme de quatre-vingt-
trois ans, mais comme elle n'en est pas moins
juste, j'espere qu'on y fera quelque attention, & que vous me croirez toûjours,

MESSIEURS,

Vôtre tres-humble, tres-obéïssant,
& tres-affectionné serviteur.
LE BRET.

TROISIE'ME
PROMENADE
DE
TEMPE'.

LA Valée de Tempé en Teſſalie êtoit un lieu ſi fameux par ſa ſituation & ſes autres agrémens, que preſque tous les Auteurs Grecs & Latins en ont parlé. Ovide entr'autres dans le premier Livre de ſes Metamorphoſes, en fait le ſejour de la chaſte Daphné fille de Penée.

Eſt nemus amoniæ prærupta quod undique claudit
  Silva, vocant Tempé, per quæ Peneus ab imo.
Effuſus pindo, ſpumoſis volnitur undis.

De ſorte que comme il n'y avoit point de lieu plus delicieux, les anciens en don-

A

noient le nom à ceux qui se diſtinguoient par quelque agrément. Ce qui nous le fit auſſi donner à la Maiſon de M. Daraſſus, dont j'ay fait la deſcription dans le Recit des Promenades qui ont precedé celle-cy. Si bien qu'en y allant le mois de Septembre dernier en bonne compagnie, un de la troupe penſant donner un liard à un pauvre, lui ayant donné une petite piece de cuivre, que le pauvre lui rendit, nous fûmes ſurpris de cette action, & examinâmes cette petite piece, ſur laquelle nous reconnûmes des lettres Arabeſques : Ce qui nous fit croire que ce pouvoit eſtre quelque reſte de monnoye des Sarazins. Cette penſée nous donna lieu de parler du paſſage de ces Peuples d'Eſpagne en France ; d'où nous remontâmes aux François, aux Gots & aux Bourguignons, qui s'emparerent des Gaules ſur les Romains qui s'en êtoient emparez ſous Ceſar : Nous remontâmes juſqu'au tems du Roy Ambigat ; & enfin aprés avoir parcouru les principales circonſtances de nôtre Hiſtoire, nous finîmes nôtre converſation par ce qui s'êtoit paſſé en ce Païs-icy le dix-ſeptiéme ſiécle de l'Aire Chrêtienne, que nous venons d'achever : Ce qui me plût ſi

fort, que je me propofé d'en dreffer ce
Recit, que je commence par ce qui fe
remarque du Gouvernement de la Gaule,
lequel êtoit Monarchique plus de fix cens
ans avant Jefus-Chrift. Elle êtoit même
fi feconde en peuples & en braves,
qu'Ambigat qui y regnoit dans le même
tems que Tarquin le vieux regnoit à Rome, envoya deux grandes Colonies de
fes Sujets fous la conduite de Segouefe &
de Belouefe fes neveus, l'une en Italie
où elle fe rendit fi puiffante, que de fon
nom le païs fut nommé à l'égard de Rome,
la Gaule Cifalpine; l'autre ayant paffé en
Alemagne, d'où elle s'étendit en Hongrie, & même jufques dans une partie de
la Grece Afiatique, apellée Gallogrece:
Mais comme Ambigat ne laiffa point d'enfans qui lui ayent fuccedé, les Auteurs
graves n'en faifant point de mention, le
Gouvernement changea, & devint arifto-
cratique; car ce fut comme Cefar le trouva, comme ce fut auffi, felon toutes les
apparences, ce qui lui en facilita la conquête. Ce n'eft pas qu'il n'y eut encore
alors en quelques cantons quelque appa-
rence de Monarchie, mais tout le refte fe
gouvernoit ariftocratiquement, & êtoit

divifé en trois principaux Peuples ou Langues ; fçavoir, l'Aquitanique, la Celtique, & la Belgique. L'Aquitanique toutefois ainfi nommée, *ab aqua*, tant elle abonde en fontaines & en rivieres, fut bornée par Cefar, & renfermée entre les Pirenées, la Garonne & l'Ocean. Il lui donna même le nom de Novempopulanie, à caufe de fes neuf Peuples ; fçavoir, ceux des environs d'Eufe *Elufates*, ceux d'Auch *Aufci*, ceux de Leytoure & d'Ayre *Lectorates*, ceux de Tarbe *Turbelli*, ceux de Bigorre *Birgeriones*, ceux de Comenge *Convennæ*, ceux de Gaures *Garites*, ceux de Bearn *Benernenfes*, & ceux de Dax *Aquenfes*. Ce n'eft pas qu'il n'y en eut encore d'autres : Car Strabon y comprend les Bafques fous le nom de *Cantabri*, ceux de Conferans *Conferani*, & même ceux de Foix *Fuxij*, quoique ces derniers en foient feparez par la Garonne.

Augufte toutefois donna d'autres bornes à l'Aquitaine, car il l'étendit jufqu'à la Riviere de Loire : De forte que les Agenois *Nitiobriges* y furent compris, ainfi que les Perigourdins *Petrigori*, les Xaintongeois *Santones*, les Poitevins *Pictavi*, les Limoufins *Lemovices*, les Quer-

cinois *Cadurci*, les Roüergais *Rutheni*,
& les Auvergnas *Arverni*.

Il y eut encore beaucoup d'autres chan-
gemens dans la Gaule, que les Romains
ne pofféderent guere plus de cinq cens ans
dépuis Cefar jufqu'au commencement du
cinquiéme fiécle de l'Aire Chrêtienne ;
car ce fut à peu prés le tems que les François y entrerent, comme firent auffi les
Bourguignons & les Gots, apellez Vifi-
gots pour les diftinguer des Gots qui s'ê-
toient jettez dans l'Italie, & que l'on apel-
loit Oftrogots. Car ces trois Peuples s'ê-
tant emparez de diverfes Provinces de la
Gaule, Ætius Lieutenant de l'Empereur
Valentinien, & qui avoit ordre de les en
chaffer, fut obligé de faire alliance avec
eux pour refifter à Atilla Roy des Huns,
qui s'y vint jetter avec une Armée de fix
cens mil hommes, & y commit des rava-
ges & des cruautez inoïies : Mais Ætius
affifté principalement de Merovée & des
François, l'arrêta & lui livra bataille, dans
laquelle lui ayant tué deux cens mil hommes, il l'obligea de s'en retourner fur fes
pas.

Il y a une grande contreverfe touchant
le lieu où cette bataille fe donna. Jor-

nandes & Idacius Hiſtoriens Eſpagols, diſent que ce fut auprés de Toulouſe *in campis Catalaunicis qui & Mauriaci dicuntur.* Ce qui eſt confirmé par Jean Mariana, & a fait conjecturer que cela s'étoit paſſé dans la partie du Dioceſe de Montauban qui eſt en Languedoc, & où il y a un Bourg apellé Catalens, aſſez voiſin d'un lieu apellé Mauriac. La Ville de Montech, *Mons Ætij*, qui n'en eſt qu'à une lieuë, favoriſe encore cette conjecture, en ce qu'elle ſe trouve ſur une petite hauteur, d'où Ætius par la diſpoſition de ſa bataille tira, dit-on, de grands avantages ſur l'ennemi. Un ruiſſeau apellé en langage du païs *Lou riou ſanguinolant*, à cauſe qu'on prétend qu'il regorgea du ſang d'un ſi grand carnage dans la Garonne, appuye encore cette idée : Mais Mezeray aprés le Preſident Fauchet & divers Auteurs auſſi graves, dit que cette bataille ſe donna auprez de Châlons.

Les Viſigots qui s'étoient auſſi trouvez à cette bataille ſous leur Roy Roderic qui y fut tué, & avoient fait de Toulouſe la Capitale de leur conquête, ne s'y maintinrent pas long tems. Car Clovis petit fils de Merovée, & nôtre premier Roy

Chrêtien, qui s'êtoit emparé de presque tout le reste de la Gaule, dont le nom fut alors changé en celui de France, ayant tué Alaric leur Roy dans une grande bataille, les recoigna en Espagne, où, comme ils êtoient Ariens, ils exercerent de grandes cruautez contre les Catholiques; & ce fut peut-estre ce qui donna lieu aux Vascons, ou Gascons, qui habitoient les montagnes d'Arragon & de Navarre, d'en décendre & de se cantonner dans l'ancienne Aquitaine, qui de leur nom fut apellée Gascogne. Clotaire II. toutefois les en chassa : Mais comme ils êtoient fort braves, car Titelive dit que les Romains en tiroient de tres-bons Soldats, ils y revinrent & se soumirent à Dagobert, qui leur donna pour Duc ou Gouverneur Gemialis. Mais les décendans de Clovis êtant tombés dans des desordres qui en rendirent l'autorité fort méprisable, les Gascons se souleverent, & se choisirent eux-mêmes un Duc nommé Loup, qui êtant mort sans laisser qu'une fille, Eude Gouverneur d'une partie de Languedoc, l'épousa, & par ce moyen se rendit fort puissant.

Les Sarazins Peuples d'Arabie, qui

ſe donnent ce nom par honneur, comme s'ils décendoient d'Abraham par Sara, quoiqu'ils n'en décendent que par Agar ſa ſervante, & que leur veritable nom ſoit Agarins : Ces Peuples, dis-je, ayant conquis l'Affrique paſſerent en Eſpagne, & ſe la ſoumirent par la trahiſon du Comte Julien, dont Roderic Roy des Viſigots avoit violé la fille. Ils prétendirent en faire autant de la France, où ils paſſerent en effet l'an 730. de l'Aire Chrêtienne, au nombre de cinq à ſix cens mil ames. Ils s'emparerent d'abord des principales Villes de Languedoc, de Provence & d'Aquitaine. De ſorte qu'Eude dans cette extremité eut recours à Charles Martel Maire du Palais & Prince des François, qui fût au devant d'eux, & les ayant joints à cinq lieuës de Tours, les attaqua dans leur camp, & en tua trois cens ſoixante-quinze mil ſur la place. Une ſi grande action donna de la jalouſie à Eude, qui dans l'Etat pitoyable où ſe trouvoit alors la France, ſous le Roy Childeric, fut ſoupçonné de prétendre à la Couronne, & d'avoir dans cette vûë fait aliance avec ce qui reſtoit des Sarazins. Si bien que Martel paſſa de Blaye à Bordeaux qu'il prit,

&

& preſſa de ſorte Eude & ſa faction, qu'a-
prés pluſieurs combats, dans l'un deſquels
Eude fut tué, l'Aquitaine fut entierement
ſoumiſe à Martel. Elle ſe ſouleva neanmoins aprés ſa mort en faveur de Hunaud
& de Gaiſre enfans d'Eude, apellez dans
nos vieux Romans Huon de Bordeaux &
Gadiſer : Mais Pepin fils de Martel, &
encore plus puiſſamment Charlemagne
fils de Pepin, en détruiſirent entierement
le parti, ainſi même que ce qui reſtoit
des Sarazins en ces belles Provinces, dont
Charlemagne donna les gouvernemens à
diverſes perſonnes de Qualité, qui prirent
le nom les uns de Ducs, & les autres de
Comtes & de Marquis. Ils s'en firent même
Souverains, lors que Hugue Capet fut
declaré Roy de France, ſous l'hommage
qu'ils lui firent de leurs Duchés, Comtés
& Marquiſats, qui dans la ſuite ont eſté
réünis à la Couronne ou par ceſſion, ou
par ſucceſſion, ou par felonie.

Tout le monde ſçait ce que ſont preſentement les Ducs & les Comtes, ainſi
même que l'étymologie de ces noms :
C'eſt pourquoy je me contenteray de dire
que celle des Marquis vient de *Marca*,
qui dans les Conſtitutions de Charle-

B

magne signifie une frontiere, & même souvent une Province, apellée à cause de cela Marche ; comme en Alemagne la Marche de Brandebourg, en Italie la Marche d'Ancone, & en France la Marche de Limofin. Si bien que ce fut de là que ceux qui en étoient Gouverneurs prirent le nom de Marquis. A propos de quoy je croy pouvoir ajoûter que ce fut auffi vers ce tems-là, felon Machiavel, que commença l'ufage des furnoms, les plus illuftres Maifons du Royaume les ayant pris de leurs Principautez ou Appanages, pour fe diftinguer les unes des autres. Car celle de Bourbon ne fut ainfi nommée que des Villes de Bourbon & de Bourbonnois, portées par Beatrix petite fille d'Archambaud de Bourbon à Robert fon mary, fils de Saint Loüis. Celles de Bourgogne, de Valois, de Berry & d'Orleans prirent auffi leurs noms de leurs Duchés, comme celles de Foix, d'Armagnac, de Comenge, d'Aftarac & d'Albret, de leurs Comtés. Sur l'exemple defquelles les particuliers furent auffi furnommez ou de leurs terres, ou de leurs emplois, ou de quelqu'autre fujet qui pouvoit avoir raport à leurs perfonnes,

On peut dire aussi que ce fut à peu prés
de ce tems-là que se fit l'établissement des
Benefices ou Fiefs. Ce n'est pas qu'ils ne
fussent en usage sous la premiere Race,
mais ils n'êtoient qu'à vie, comme sont
encore les Timars chez les Turcs, & ne
devinrent propres & successifs dans les familles, que quand les Gouvernemens des
Duchés, Comtés & Marquisats le devinrent aussi : Les proprietaires de ces Fiefs
s'êtant même alors donné l'autorité d'établir les Arriere-fiefs, qui ne font que des
démembremens des Fiefs : ceux qui les
possedoient êtant obligez de mener à la
guerre un certain nombre de gens à pié ou
à cheval, selon la grandeur & l'étenduë
de ces Fiefs & Arriere-fiefs ; le reste du
peuple payant les Cens & les Aleus au
Roy, dont toutefois certaines Terres,
& même certaines Provinces, êtoient
exemptes, comme le Lauguedoc, apellé
païs de Franc-aleu. Leud en vieux François signifiant homme.

A ces petits éclaircissemens je croy devoir ajoûter, que ce fut aussi de ce tems-là
que l'Aquitaine changea encore de nom,
& fut apellée Guienne. Montagne prétend que ce fut de Guillaume l'un de es

Ducs : Mais le fçavant Auteſſerre, dans
ſon Aquitaine ancienne & nouvelle, qui
eſt un ouvrage d'une erudition auſſi grande
que curieuſe, ſoûrient que comme il n'y
a aucun raport de Guillaume à Guienne,
ce nom ne peut venir que d'aygue, qui
en langage du païs ſignifie de l'eau, comme d'*aqua* les Romains la nommerent
Aquitaine.

Ainſi paſſant de ce petit détail, ſans
toutefois m'arrêter à tous les Reglemens
de Charlemagne, apellés Capitulaires, à
cauſe que les aſſemblées où ils ſe firent
s'apelloient Chapitres, & qui rendirent la
France auſſi heureuſe & tranquille qu'elle
avoit eſté confuſe ſous la premiere Race,
je diray que les décendans de ce grand
Prince étant tombés dans une faineantiſe
honteuſe, on regarda Hugue Capet comme le ſalut de l'Etat. De ſorte qu'il fut
porté ſur le Trône d'un conſentement uni-
verſel : Et comme on s'étoit aperçû que
des Parlemens auſſi nombreux que ceux
de ces tems-là, ne cauſoient que du deſordre, il les reduiſit à un petit nombre de
gens de merite, qu'il envoyoit dans les
Provinces pour y reformer les abus des
Senêchaux & de leurs Officiers ; les Etats

generaux ne s'affemblant que pour les befoins preffans du Royaume. Ce qui s'obferva jufqu'à Philippe le Bel, qui crea deux Parlemens fedentaires, l'un pour la langue d'Ouy, qu'il établit à Paris; l'autre pour la langue d'Oc, qu'il établit à Touloufe, d'où, à caufe d'une grande fedition qui s'y fit, le Parlement fe retira à Montauban : Mais il n'y demeura qu'environ fept mois, le Roy l'ayant uni à celui de Paris. Charles VII. toutefois en .1442. le rétablit à Touloufe à la tres-humble & inftante priere des peuples de ces Provinces, comme je l'ay raporté dans ma Traduction & mes Notes fur l'ancien Manufcrit de Bardin Confeiller en ce Parlement.

A quoy je ne croy pas inutile d'ajoûter que les guerres que ces Ducs, Comtes & Marquis fe faifoient les uns aux autres, & fouvent même au Roy, reduifirent la France à de grandes extremités. Il n'y en eut point toutefois de fi longue & de fi dangereufe que celle des Anglois, dont il ne fera pas hors de propos de dire fuccintement l'origine, & même la part qu'y ont euë les peuples de Quercy. Quoique ce ne foit pas une des grandes Provinces

du Royaume, elle n'eſt pas une des moindres en bonté : Il n'y a rien toutefois qui
lui ait plus fait d'honneur, que d'avoir la
premiere levé l'étendart pour l'expulſion
des Anglois, dont l'entrée & le ſejour en
France mirent le Royaume à deux doigts
de ſa ruine. Car Henry d'Angleterre êtant
déja en poſſeſſion de la Normandie & de
l'Anjou, devint Maître de la Guienne &
du Poitou par ſon Mariage avec Eleonor
fille de Guillaume Duc & Comte de ces
deux Provinces. Elle avoit épouſé en premieres nôces nôtre Roy Loüis VII. & même l'avoit engagé à une guerre contre le
Comte de Champagne, pendant laquelle
il ſe commit tant de cruautés, que ce Prince s'impoſa pour penitence d'aller faire la
guerre aux Mahometans : Ce qu'il executa, mais ſans ſuccez, tant à cauſe de
l'infidelité des Grecs, que des jalouſies
des Princes Chrêtiens établis en Aſie dépuis l'expedition de Godefroy de Boüil-
lon. A quoy cette malheureuſe Princeſſe
ne contribua pas moins par ſon impudicité
avec Saladin, qui êtoit un Turc Bâtiſé.
De ſorte que le Roy à ſon retour en France la repudia; mais au lieu de s'en aſſu-
rer, il lui permit de retourner dans ſes

Terres, où elle reçût Henry, qui moins
sensible à l'honneur qu'à l'interêt, l'épousa,
& par ce Mariage devint maître de prez
d'un tiers de la France. Il prétendit même
à la Comté de Toulouse, & se saisit du
Quercy, qu'il abandonna toutefois ayant
sçû que le Roy armoit pour l'en chasser.
Les Anglois neanmoins dans la suite se
firent donner le Quercy par le Traité de
Bretigny, qu'ils firent avec Saint Loüis;
mais les Quercinois s'y opposerent, &
n'obéïrent, comme je l'ay déja dit ailleurs,
qu'aprés une Jussion du Roy, qu'ils ne
regiſtrerent dans le Greffe de l'Hôtel de
Ville de Caors, qu'avec larmes & proteſ-
tation qu'ils ne seroient jamais sujets qu'au
Roy de France, comme ils le firent pa-
roître dez que l'occasion s'en presenta. Car
ils furent les premiers qui se joignirent au
brave Rabaſtens Senêchal de Toulouse,
& ce fut proprement par là que commença la deroute des Anglois, dont il y a peu
de gens qui ne sçachent le reste. Ainsi re-
prenant la suite de mon premier discours,
je diray que le Roy Charles V. dit le
Sage, voyant la grande confusion que la
continuation de cette guerre causoit dans
l'Etat, où la Gendarmerie & l'Infanterie,

faute de paye, ne faiſoient pas moins de
deſordre que les ennemis, impoſa pour y
remedier un écu par feu, & choiſit des
perſonnes de probité pour en faire la levée : Ce qui fut d'une grande utilité dans
la ſuite. Car le mal ayant augmenté par
l'imbecillité & la mort de Charles VI.
Iſabeau de Baviere ſa veuve, paſſionnée
pour l'Anglois ſon gendre, le fit élire Roy
par des Etats monopolés, à l'excluſion de
Charles VII. ſon fils, qui ayant enfin
chaſſé les ennemis, à qui il ne reſta que
Calais de toutes leurs uſurpations, & dont
le Duc de Guiſe les chaſſa ſous Henry ſecond, impoſa premierement un Taillon
pour la paye de la Gendarmerie, & puis
une Taille pour celle de l'Infanterie, qu'il
faiſoit demeurer ſur les frontieres pour
ſoulager le reſte du Royaume, qui
par ce moyen ſe rétablit en peu de tems.
On diviſa pour faire cette impoſition,
dont il n'y eut d'exempts que les Eccleſiaſtiques & les Nobles de race, les Provinces en certains diſtraits, qui furent
nommés Elections, de l'élection que l'on
fit des perſonnes que l'on propoſa pour
connoître des differens qui ſurviendroient
au ſujet de ces impoſitions. On commit
auſſi

auſſi en chacune un Receveur, qui en le-
voit & remettoit les deniers à un Receveur general, ſous la direction des Treſo-
riers, dont on forma un Bureau compoſé
d'un certain nombre de ces Elections,
deſquelles on fit une Géneralité. On créa
même dans la ſuite tous ces Officiers en
titre, & on en augmenta le nombre en
pluſieurs occaſions, ainſi que de ces Ge-
neralitéz.

SECONDE PARTIE.

LA Generalité de Montauban ne fut
créé qu'en 1636. compoſée d'onze
Elections, qui ſont Montauban, Caors
& Figeac en Quercy; Rodez, Villefranche
& Millau en Roüergue; Riviere-Verdun,
Lomagne, Armagnac Aſtarac & Comenge
en Gaſcogne, ces onze Elections reſſor-
tiſſans à une Cour des Aydes établie à
Caors, & dépuis transferée à Montauban.
Chaque Election a ſon Bureau, & chaque
Bureau ſes Elûs & ſes Receveurs particu-
liers, deux à chaque Bureau, l'ancien &
l'alternatif, qui remettent les deniers des
impoſitions au Bureau general qui eſt à
Montauban, & qui a auſſi deux Receveurs

generaux, l'ancien & l'alternatif, qui ré-
pondent au Bureau general des Treforiers
de Montauban, qui eft le milieu & le cen-
tre de toute la Generalité, dont la lon-
gueur eft de plus de cinquante lieuës, dépuis Creffenfac en Quercy, & qui confine
au Limofin, jufqu'à la fource de la riviere
de Salat, qui fort de l'extremité du Couzerans bien avant dans les Pyrenées, &
entre dans la Garonne auprés de S. Martory : Au lieu qu'elle n'a de largeur dans
fon milieu que quatre lieuës, dépuis Montauban jufqu'à Malaufe inclufivement, qui
confine à l'Agenois. Ce qui vient de ce
que le Languedoc pouffe une langue de
terre entre la Garonne & le Tarn, jufqu'à
demi lieuë au delà de Moiffac, où le Tarn
entre dans la Garonne.

Ainfi cette Generalité établie, on créa
une Cour des Aydes pour recevoir les
appellations de ces Elections. Elle fut tirée
de celle de Bordeaux, & établie en 1642.
à Caors, d'où en 1662. elle fut transferée
à Montauban, par la même raifon que le
Bureau des Treforiers y avoit efté établi,
ainfi que par la confideration de la Religion. De forte que ces mêmes raifons ont
auffi obligé les Intendants à en faire leur

séjour ordinaire. Ce qui suit regardant quelque détail de chacune de ces onze Elections, je commenceray par celle de Montauban.

Elle est composée de treize cens un feu & cinq bellugues, desquelles les cent font un feu. C'est comme cela est énoncé dans le Tarif qui fut dressé de tout le Taillable de la Generalité, & arrêté au Conseil le 4. Juin 1669. Monsieur Pellot en étant Intendant, les personnes qu'il employa à la confection de ce Tarif, ayant usurpé ces termes pour servir au regalement des impositions. Car par bellugues, qui en langage du païs signifient étincelles, ils ont voulu marquer les parcelles ou portions dont un feu est composé, & par un ou plusieurs feux un Taillable plus ou moins grand. De sorte qu'un Taillable, par-exemple de vingt feux, étant imposé à la somme de cinquante livres, ce sera par chaque feu cinquante sols, & six deniers par chaque bellugue des cent qui composent ce feu.

Outre ce Tarif, dans lequel les Villes, Bourgs, Villages & autres lieux de cette Generalité sont nommés, il y a un autre Tarif où sont specifiés ceux de ces mê-

mes lieux qui font du Domaine du Roy,
& dont les droits confiftent en directes,
albergues, fours bannaux, foüages, bou-
cheries, greffes, pêches, forges, blada-
des, paffages, peages & autres droits Sei-
gneuriaux. A quoy on ajoûta en 1690.
une Carte geographique de toute cette
Generalité, où ces mêmes lieux font mar-
quez avec leurs rivieres, leurs cours, les
fituations & diftances de ces mêmes lieux,
& laquelle a efté gravée à Paris par Hu-
bert Jaillot, qui la dedia à Monfieur de
la Berchere alors Intendant de Montauban, qui eft une Ville moderne. Car elle
ne fut fondée qu'en 1144. par Alphonfe
Comte de Touloufe, Duc de Narbonne
Marquis de Provence, & par Raymond
fon fils Comte de Saint Gilles, qui en in-
feoderent la place, où ils avoient un Château, fur les fondemens duquel a efté bâti
l'Evêché, à l'endroit où la petite riviere
de Tefcou entre dans celle de Tarn, aux
Habitans d'une petite Ville nommée
Montauriol, qui n'en êtoit qu'à cinq cens
pas, & appartenoit à l'Abbé & aux Moines de l'Abbaye de St. Martin, autrement
de Saint Theodard, erigée en Evêché en
1317. aufquels pour les dedommager, Al-

phonſe étant mort, Raymond par une
Tranſaction paſſée entr'eux en 1149. donna
la moitié de toute la Seigneurie de Montauban, qui fut fort celebre dés la guerre
des Albigeois arrivée peu de tems aprés,
& plus encore pendant celle des Anglois;
mais bien davantage pendant les ſoixante-
dix ans que dura celle des Religionnaires:
comme cela ſe voit dans l'Hiſtoire du
Moine Duval de Sernay, dans celle de
Froiſſard, & dans celle de Montauban que
je donné au public en 1668.

Le fond du Taillable de cette Election
abonde en toute ſorte de grains, de vin,
de prunes & de ſafran, dont le debit, ainſi
que de beaucoup d'eau de vie & d'étofes
de laine qui ſe fabriquent dans Montauban, ſe fait aux deux foires qui ſe tiennent
à Bordeaux en Mars & en Octobre. Ce
n'eſt pas qu'il ne ſe tienne trois foires à
Montauban, mais outre qu'elles ne durent
qu'un jour chacune, il ne s'y fait aucun
debit conſiderable.

Il n'y a eu long tems qu'un Siege Royal
dans Montauban; mais outre l'Election
on y établit en 1632. un Preſidial qui n'a
pas beaucoup d'étenduë, mais qui eſt compoſé d'un Juge-mage & premier Preſident,

d'un fecond Prefident, d'un Lieutenant Criminel, d'un Lieutenant Principal, de deux Lieutenans Particuliers, d'un Affeffeur Criminel, de vingt Confeillers, d'un Procureur & de deux Avocats du Roy, & de quelques autres menus Officiers, qui tiennent leurs feances dans un refte du Château de ces Comtes.

Le Palais de la Cour des Aydes eft une des belles decorations de Montauban. Car outre qu'il eft tres-bien bâti, fa fituation eft d'autant plus agréable, qu'elle fait face fur une des entrées de la Ville, bordée en cét endroit de la riviere de Tarn qui fepare Montauban de Villebourbon, & fur laquelle pour la communication de l'un à l'autre, il y a un pont de briques long de trois cens pas, & qui eft d'une ftructure auffi belle que hardie; mais dont une arche ayant efté prefque demolie pendant le fiege de 1621. Monfieur Pellot la fit reparer & même pouffer le Quay de Montmirat le long & beaucoup au déla des Capucins. De forte que comme c'eft le plus bel afpect de la Ville, Monfieur Foucaut dans la fuite fit faire au bout de ce quay un cours de cinq à fix cens piés d'ormeaux. Le nombre des Officiers de cette Cour

étoit autrefois fort grand; il n'est presentement que d'un premier President, de deux
autres, de seize Conseillers, d'un Procureur General, & de deux Avocats Generaux.

La Maison commune, ou Hôtel de
Ville, est sur la même ligne que le Bureau
des Tresoriers, & fait face sur une grande
& belle place, où étoit autrefois une maison qui appartenoit à l'Evêque, & sur le
fond de laquelle les Religionnaires avoient
bâti un de leurs Temples, au lieu duquel
il y a presentement une belle Croix. Le
nombre des Consuls étoit de six il n'y a pas
long tems, mais il fut reduit à quatre, dont
le premier a esté erigé en Maire, avec un
Procureur du Roy, quatre Assesseurs &
un Greffier en titre, les trois autres Consuls, ainsi que le reste des Conseillers de
Ville, étant électif.

L'Eglise qui, comme je l'ay dit, étoit
autrefois Aabbatiale, fut erigée en Cathedrale par le Pape Jean XXII. en 1317.
Les Sarazins & les Ariens l'avoient demolie, & Charlemagne l'ayant fait rebâtir
beaucoup plus somptueusement qu'elle n'é-
toit, elle fut demolie derechef en 1561.
par les Religionnaires, ainsi que toutes les

autres de la Ville & des environs. De sorte
que l'Evêque & le Chapitre, qui n'y furent rétablis qu'en 1629. firent rebâtir la
Parroisse de S. Jaques, dans laquelle ils
font le service, jusques à ce que la Cathedrale que l'on bâtit presentement sur
un fond au devant duquel il y a une place
de cinq à six cens pas en carré, soit ache-
vée.

Le Palais Episcopal, qui a été bâti par les
soins de Pierre de Bertier, & fort embeli
par Jean-Baptiste-Michel Colbert son successeur, presentement Archevêque de Toulouse, est par tout cela, ainsi que par sa
situation, d'une beauté & d'un agrément
qui surpassent tous les autres de la Generalité. Ce qui joint à un jardin qui n'en est
qu'à cinq cens pas, & dont la vûë & les
autres accompagnemens sont au dessus de
ce que l'on sçauroit imaginer ; à un Seminaire qui n'en est separé que par un chemin ; à un grand & beau College gouverné par les Jesuites ; à quatre Convens
de Jacobins, de Cordeliers, de Carmes
& d'Augustins, à un autre de Capucins,
& à trois de Clairistes, de Carmelites &
d'Ursulines, dedommage avec usure cette
pauvre Ville des desordres effroyables qu'y
ont

ont fait autrefois les Religionnaires.

L'Evêque est suffragant de Toulouse, &
a les deux tiers de son Diocese en Languedoc, à cause de quoy il entre aux Etats,
l'autre étant en Gascogne au delà de la
Garonne, dans l'Election de Riviere-Verdun.

ELECTION DE CAORS.

Elle contient treize cens vingt-trois
feux & quarante bellugues. Caors est
sa Capitale ainsi que de tout le Quercy,
lequel avoit autre fois ses Etats particuliers,
qui s'assemblerent encore il y a 22. ans.
Mais l'établissement des Elections les a fait
supprimer. Cette Ville dans Cesar est apellée *Divona Cadurcorum*, à cause vray-semblablement de cette fontaine celebre qui
sort de dessous la Chartreuse fondée par
le Pape Jean XXII. natif de Caors, à la
place où étoient les Templiers, *Divona*
en Celtique signifiant fontaine des Dieux.
Elle est Capitale de sa Senêchaussée, sur la
riviere du Lot, & 'a outre son Siege Royal un Presidial considerable, & une Uni-
versité fondée par ce même Pape, & composée des Facultez de Theologie, de Droit

D

Canon, de Droit Civil, de Droit François de Médecine & des Arts. Plufieurs
Auteurs, & entr'autres le Geographe San-
fon, ont crû qu'*Uxellodunum* dont Cefar
traita fi mal les Habitans, êtoit l'ancien
Caors éloigné de cinq ou fix cens pas du
Caors d'aujourd'huy. Mais ils fe font trom-
pez, ainfi que ceux qui difent qu'*Uxellodunum* êtoit où eft prefentement Martel
petite Ville à l'extremité du Quercy. Il eft
vray que le lieu où êtoit *Uxellodunum*
n'eft pas loin de Martel, mais il eft apellé
par les Habitans du Païs le *Pech d'Iffolou*,
c'eft à dire le Mont d'Iffolou. Car dune en
Gaulois vouloit dire hauteur, comme une
infinité de lieux l'ont retenu *Lugdunum*,
Segodunum, Dun le Roy, Verdun & les
Dunes de Dunquerque. En effet le Pech
d'Iffolou a un parfait raport à ce que Cefar
dit d'*Uxellodunum* qu'il reprefente fur une
montagne efcarpée & ceinte prefque tout
au tour par un grand valon où paffe une
riviere dont on ne pouvoit détourner le
cours à caufe des rochers, le côté par
où elle êtoit acceffible ayant une fontaine dont Cefar fit perdre la fource.
De forte que tout cela fe trouve juftement au Pech d'Iffolou, qui eft entre le

Quercy & la Vicomté de Turene, & où l'on voit encore un vieux portique apellé par les gens du lieu la porte des Romains, & même aux environs un reste de leur circonvallation.

Le Roy & l'Evêque qui s'intitule Comte & Baron de Caors, en sont Seigneurs. L'Eglise Cathedrale est une des plus anciennes du Christianisme, ayant esté fondée sous l'invocation de S. Etienne premier Martyr par Saint Martial. Il y a une grande contreverse touchant l'arrivée de ce Saint dans les Gaules. Car la Tradition l'y fait envoyer par S. Pierre ; au lieu que Gregoire de Tours ne l'y fait venir que sous Dece, c'est à dire l'an 252. de l'Aire Chrêtienne : De quoy j'ay fait une grande dissertassion dans mon Histoire de Montauban.

Le Diocese de Caors confine du midy à celui de Montauban, du couchant à celui d'Agen, du Septentrion à ceux de Sarlat & de Limoges, & du levant à celui de Rodez. Il est suffragant d'Alby, & n'a guere moins de huit cens Parroisses, outre un grand nombre de Prieurés & d'Abayes, dont celle de Moissac est la plus considerable.

Le Chapitre Cathedral eſt riche, & fait l'Office avec beaucoup de décence & de regularité. La Ville outre pluſieurs Parroiſſes, a grand nombre de Monaſteres des deux ſexes, & divers Hôpitaux. Cependant le voiſinage de Montauban lui fut fatal : Car le Roy Henry IV. n'êtant encore que Roy de Navarre, l'ayant priſe aprés un combat à la main de trois jours, elle fut pillée par les Religionnaires, qui s'êtant ſaiſis du ſaint Suaire ſans ſçavoir ce que c'êtoit, le triſayeul de Monſieur d'Auteſſerre preſentement Procureur General de la Cour des Aydes, le racheta pour une ſomme modique ; Ce qui lui porta tant de bonheur, qu'ayant eſté mis à rançon, il ſe ſauva ſous les auſpices de cette ſainte Relique, ſans que ceux qui le gardoient s'en aperçûſſent. C'eſt une circonſtance que j'ay apriſe de défunt M. le Franc Preſident de la Cour des Aydes.

La partie baſſe de Quercy, c'eſt à dire dépuis Caors juſques à Montauban, abonde en toute ſorte de grains. On y receüille auſſi du ſafran. Il abonde également en gibié & en volailles. Le vin de Caors eſt en grande reputation. Mais ce que l'on apelle le haut Quercy eſt plus ſterile, &

toutefois il a son abondance particuliere en noix, en châtagnes, en chanvre & en lin; outre les eaux minerales de Mié. *Rocca amatoris*, & en langage du païs *Roquemadou*, prés la petite Ville de Gramat où il se fait aussi un grand commerce de toile & même de chevaux, est une Chapelle dediée à la Sainte Vierge sur le haut d'un rocher, d'autant plus celebre, que Robert Dumont dans son Suplement de Sigebert dit que Henry II. Roy d'Angleterre, & alors Duc de Guienne, y alla en pelerinage. A quoy Roger Hodeven Historien Anglois, ajoûte que Henry le jeune bien loin d'imiter la pieté de son pere, pilla cette Chapelle; mais que s'en retournant de là vers Limoges, il paya par une mort funeste la peine de ce sacrilege dans la petite Ville de Martel.

ELECTION DE FIGEAC.

ELle est de mille quatre-vingt-dix-sept feux & cinquante bellugues. Quoique ce soit une assez petite Ville, elle a neanmoins un Siege Royal outre le Bureau de cette Election dont les Officiers, ainsi que ceux de ce Siege Royal sont ce qu'il y a de plus confiderable. Il s'y tient une foire celebre au mois de   ainfi qu'une autre dans la petite Ville de Najac, où il fe debite quelque fois pour deux à trois cens mille frans de toile, outre un grand nombre de porcs, de dindons & doifons que l'on mene au bas Languedoc & en Rouffillon. La principale Eglife de Figeac eft Abbatiale, & fervie par un Chapitre confiderable. Elle a une Parroiffe bien bâtie, & cinq Convents de Mandians avec un Seminaire. Elle n'êtoit il y a huit cens ans qu'une fimple Abbaye, qui ayant efté ruinée par les Sarazins, Pepin en fit tranfporter les reftes le long d'une foreft apellée Fiac ou Figeac proche la petite riviere de celle qui perd fon nom dans le Lot, il y fit rebâtir l'Eglife & l'Abbaye bien plus fomptueufement qu'elles n'êtoient, & même le Pape Etienne troifiéme du nom fe trouvant alors en France, pour en obtenir le fecours dont Rome avoit befoin contre la violence d'Ataulphe Roy des Lombards, il le pria de la confacrer, comme il fit, fous l'invocation de S. George, & l'agregea à l'Ordre de Cluny environ l'an 752. De forte que les Habitans d'un Bourg voifin, qui en avoient efté chaffez par les Sarazins, s'y

ètant changez, il s'en fit une Ville dans la
suite ; Mais les Religionnaires s'en saisirent
sous le Roy François II. & même y tinrent un de leurs plus celebres Synodes,
dans lequel ils delibererent de ne bâtiser
les enfans qu'à l'issuë du Preche, & chargerent leurs Ministres de dire aux peres &
meres de ceux qui mouroient sans Bâtême,
que le salut ne dépend pas de ces signes exterieurs, mais de la vertu des promesses ;
quoique Jesus-Christ ait dit en termes formels, que si l'on n'est rené de l'Eau & de
l'Esprit on n'entrera point au Royaume
des Cieux.

ELECTION DE RODEZ.

Elle est de mille cinquante-sept feux
soixante-dix belluges & trois quarts.
Rodez, *Rutena & segodunum Rutenorum*,
est la Capitale de tout le Roüergue sur la
riviere d'Aveiron, & a pour Seigneur l'Evêque, qui prend la qualité de Comte,
& n'a guere moins de sept cens Parroisses
dans son Diocese, outre plusieurs Prieurés
& Abbayes, entre lesquelles celle de Conques a esté fondée par Loüis le Pieux, autrement le Debonnaire, & s'est conservée

du pillage des Religionnaires par sa situation ; au lieu que celle de S. Antonin sur la même riviere en fut pillée & demolie, mais elle a esté tres-bien rétablie par les Chanoines reguliers de la Reforme de Ste. Genevieve.

L'Eglise Cathedrale de Rodez dediée à la Vierge, n'est guere moins ancienne que celle de Caors, la Tradition en attribuant aussi la consecration à S. Martial. Elle est grande & magnifique, principalement par son Clocher, ainsi que par son Chapitre qui est fort riche, & fait l'Office Divin avec autant d'éclat que de regularité. Les Jesuites y ont un beau College ; Les Jacobins & les autres Mandians y sont fort bien bâtis, La Chartreuse est grande & riche ; & outre le Bureau de l'Election il y a un Siege Royal avec un Presidial.

Le Roüergue est divisé en haut & bas, comme le Quercy, qui toutefois est beaucoup moins montueux. Les peuples de Roüergue étoient anciennement soumis à ceux d'Auvergne ; mais quelque rude que fût ce païs il étoit extremement peuplé, puisque dans le soulevement des Gaules contre Cesar il fournit pour sa part douze mille hommes. Il s'est gouverné long-tems par

par ſes Etats particuliers comme le Quercy ; mais ils ont eſté ſupprimez par l'établiſſement des Elûs. Il a au levant les Cevenes, au midy l'Albigeois, au couchant le Quercy, & l'Auvergne au ſeptentrion. Mais je ne ſçay pourquoy Lucain dans ſon premier Livre de la Guerre civile, apelle les peuples de Roüergue *Flavos*.

Solvuntur Flavi longa ſtatione Ruteni.

La couleur de leur viſage, non plus que celle de leurs cheveux, n'étant point differente de celles de leurs voiſins. Ils n'ont d'ailleurs ni moins d'eſprit ni moins d'induſtrie que ceux de Quercy, & bien leur en prend : Car outre les grandes charges qui leur ſont communes avec les autres peuples de Guienne, ils ſont ſujets à la Gabele comme ceux de Languedoc. Ils payent même un droit Domanial apellé le Commun de paix, comme qui diroit le bien vivre. De ſorte que l'obligation de ſatisfaire à toutes ces charges les rend fort laborieux : Car leur fonds étant ingrat, ils s'occupent avec grand ſoin à faire des nourriſſages de toute ſorte de bétail, principalement de mules & de mulets ; ce qui rend les foires de Rodez, qui ſe tiennent aux

E

mois de Mars, Juin & Septembre, d'autant plus fameufes, que l'on y vient d'Efpagne pour l'achat des mules, dont le debit monte fouvent jufqu'à trois cens mille livres.

ELECTION DE VILLEFRANCHE.

Elle eft dans le bas Roüergue, compofée de douze cens quatre-vingt-dix-fept feux & deux bellugues, La fondation de la Ville eft de même dattée à peu prés que celle de Montauban, Alphonfe Comte de Touloufe & Seigneur du petit Bourg de Peyrade, feparé de Villefranche par un petit Pont fur l'Aveiron, dont la fource eft à Severac, ayant permis aux Habitans de ce Bourg de bâtir & s'étendre au delà de cette riviere : Ce qu'ils firent avec tant de fuccez par le moyen du commerce du cuivre dont il y a plufieurs mines dans les montagnes des environs, que s'étant multipliez & enrichis, ils fe ceignirent de bonnes murailles, & eurent dans la fuite l'avantage d'avoir efté comme ceux de Rodez, les premiers qui aprés ceux de Quercy fecoüerent le joug des Anglois. Il y a dans la Ville plufieurs Convents des

deux fexes, avec une Parroiffe affez bien
bâtie, & qui êtoit un Archiprêtré du Diocefe de Rodez, & dont on a fait un Chapitre Collegial affez nombreux, mais pauvre.

Outre le Bureau de l'Election il y a un
Prefidial confiderable, & deux chofes affez
fingulieres chacune dans fon efpece; Une
fontaine dont l'eau outre qu'elle eft excel-
lente à boire a encore cette proprieté de
purifier tellement la viande que l'on y lave,
de quelque animal qu'elle foit, qu'elle fe
cuit fans jamais jetter d'écume; Et enfin
une boucherie où il n'entre jamais de mou-
ches quelque chaleur qu'il faffe, fans qu'on
en ait pû découvrir la caufe, que le peuple
attribuë à un Talifman. A quoy je puis
ajoûter Cranfac qui n'en eft qu'à trois
lieuës, & dont les grottes & les eaux minerales font fi falutaires, qu'il s'y fait un
grand concours de malades, dépuis le commencement du Printems jufqu'à la fin de
l'Automne

ELECTION DE MILLAU.

ELle eft dans le haut Rouergue, compofée de douze cens trois feux dix-

neuf bellugues & un quart. Millau *Amilia-*
num Oppidum, a esté fait Chef de cette
Election, à cause qu'elle se trouve comme
au milieu de son Taillable, & sur la riviere
de Tarn, qui toutefois n'est navigable
qu'aprés avoir reçû l'Agout prez Rabastens
en Languedoc. Le Roy est Seigneur de
Millau, & y a la Haute Justice, mais la
Directe en appartient à des Particuliers
qui la tiennent par engagement. Outre
Roquefort si celebre par ses bons froma-
ges, & les eaux de Camarets qui ont tant
de reputation, Vabrés sur la petite riviere
de Dourdon, se trouve dans son ressort, &
en fait un petit distrait separé du reste &
apellé le Val rois, *Pagus Vabrensis*; c'est
comme le nomme Gregoire de Tours:
Erat enim, dit-il, *Villa in pago Vabriensi*
cui imminebat mons arduus, où Raymond
Comte de Toulouse fonda une Abbaye,
qui fut tirée du Diocese de Rodez, & erigée en Evêché par le Pape Jean XXII.
mais tout y fut détruit par les Religionnaires le siecle dernier, que la Ville de
Millau se pervertit par une Deliberation
prise en plein Hôtel de Ville. Elle se re-
concilia toutefois à l'Eglise en 1686. ayant
appris la conversion de Montauban, arrivée
en 1685.

C'eſt ce que j'ay crû devoir remarquer de ces ſix Elections de la Generalité de Montauban, qui ſe trouvent au deçà de la riviere de Garonne, & qui font la premiere partie de ces Memoires, dont la ſeconde ſera compoſée de ce que je diray tant des cinq Elections qui ſont au delà, que de la Comté de Foix & de celle de Nebouzan, ainſi que des quatre Valées de Magnoac, d'Aure, de Neſtes & de Barouſſe, leſquelles bien que non compriſes dans cette Generalité, & qu'elles ayent leurs Etats particuliers, ſont neanmoins ſoumiſes à l'Intendance de Montauban.

SECONDE PARTIE DES MEMOIRES
Hiſtoriques de la Generalité & Intendance de Montauban.

COmme la premiere partie de ces Memoires contient ce qu'il y a de plus remarquable dans les Elections de Montauban, Caors, Figeac, Rodez, Villefranche & Millau, qui ſont au deçà de la Garonne, cette ſeconde contient un ſemblable détail des cinq autres Elections qui ſont au delà ; ſçavoir de Riviere-Verdun, de Lomagne, d'Armagnac, de Comenge

& d'Aſtarac, ainſi que de ce qui regarde la Comté de Foix, celle de Nebouzan, & les Valées d'Aure, de Magnoac, de Neſtes & de Barouſſe, qui bien qu'elles ne ſoient de la Generalité de Montauban, à cauſe qu'elles ont leurs Etats particuliers, ſont neanmoins ſoumiſes, comme on l'a déja dit, à l'Intendance de Montauban.

ELECTION DE RIVIERE-VERDUN.

ELle eſt compoſée de huit cens ſoixante-dix-neuf feux & vingt bellugues. Grenade qui eſt une Ville ſur la Garonne, eſt le lieu où les Elûs tiennent leur Siege, & où eſt auſſi le principal des deux Bureaux de ſa Recette, l'autre, pour la commodité du peuple, étant à Montrejau ſur la pointe où la riviere de Neſte entre dans la Garonne. Le fonds de cette Election abonde particulierement en blé, dont il ſe fait un grand commerce à Grenade, ainſi qu'à Verdun qui n'en eſt qu'à deux lieuës, & ſur la même riviere.

ELECTION DE LOMAGNE.

ELle eſt de neuf cens cinquante feux & vingt-huit bellugues. La petite Ville de Fleurance fur la riviere de Gers, eſt le Siege de ſes Elûs, ainſi que le principal Bureau de ſa Recette, l'autre étant à Liſle en Jourdain ſur la Save. Son fonds, quoique montueux en quelques endroits, abonde en toutes ſortes de grains, dont il ſe fait un grand commerce dans la Ville de Beaumont ſurnommé de Lomagne, pour la diſtinguer des autres lieux de même nom. Leytoure qui eſt une Ville celebre par ſa ſituation, comme par ſon Evêché, eſt la Capitale de cette Election, dans laquelle entre pluſieurs autres Villes, celle d'Auvila ſur la Garonne, eſt fameuſe par ſon Bureau des Traites Foraines, & même par quelque eſpece de Château dont la ſituation ne fut pas inutile au ſervice du Roy dans les dernieres guerres de Guienne. Catel dans ſon Hiſtoire des Comtes de Toulouſe, fait mention d'un Comte de Lomagne nommé Atton, lequel, dit-il, eut beaucoup de part à l'accommodement du dernier des Comtes de Toulouſe avec Blanche mere de S. Loüis, ſans que l'on ſçache autre choſe de la Comté de Lomagne, ſinon qu'ayant eſté donnée au Roy Philipe le Bel, il en fit preſent à Arnaud Gout frere du Pape Clement cinquiéme,

& que la fille de cet Arnaud la legua par
son Testament à Jean Comte d'Armagnac
son mary.

ELECTION D'ARMAGNAC.

ELle est d'onze cens quarante-un feu
soixante bellugues & un quart. Sa
Recette se fait aussi dans deux Bureaux,
dont le principal est à Auch sur la riviere
de Gers, & où les Elûs tiennent leur Siege, l'autre Bureau étant à Nogaro sur la
riviere de Midou. Auch si celebre dans Cesar, & apellé dans Pomponius Mela, *Au-*
gusta Auscionum, est bâtie sur le penchant
d'une colline, & ne fut au commencement du Christianisme qu'un Evêché suffragant d'Euse, *Elusa*, qui ayant esté détruite par les Sarazins, sans qu'il en reste
que fort peu de chose, le Siege Archiepis-
copal en fut transferé à Auch, qui est du
ressort du Parlement de Toulouse, & qui
a pour suffragans les Evêques de Comenge,
de Couzerans, de Leytoure, de Tarbe,
dans le Diocese duquel sont les Bains de
Bagneres, de Basas, d'Ayre, de Bayonne,
de Lescar, d'Oleron, & de Dax, *aquæ*
augusta, differentes de celles de Bagneres.
L'Eglise

L'Eglife d'Auch eft magnifique, étant toute revêtuë de marbre par dedans, & fa principale entrée foûtenant deux tours qui fervent de clocher, & qui font d'une élevation & d'une ftructure extraordinaire. Le chœur même où le Chapitre fait l'Office Divin avec beaucoup de décence, eft d'une menuiferie auffi belle que curieufe. Outre une Parroiffe & les Convents des Mandians, il y a un College gouverné par les Jefuites, & un Convent de Carmelites, dont l'Eglife en ce qu'elle contient eft fort bien bâtie, & fon Prefidial confiderable.

Quoique la maifon des Comtes d'Armagnac ait efté une des plus éclatantes du Royaume, elle n'a efté dans fon commencement qu'une portion de la Comté de Fefanfac, dont Sance Garcias fut le premier Comte, à caufe de quoy il fe qualifia auffi Comte des Gafcons, Tout l'Armagnac & ce qui en dépendoit, fçavoir, les Comtés de Fefenfaguet, d'Aftarac, de Pardiac & de Lomagne, étant la veritable Gafcogne, païs extremement varié & neanmoins abondant en vins & grains, mais dont le debit n'en eft pas aifé, auffi n'y eft-on pas riche à caufe de cela.

F

A quoy je puis ajoûter, que fi la maiſon d'Armagnac eut beaucoup d'éclat, elle fut auſſi ſujette à de grands revers, ce qui ſe vid principalement ſous le Roy Philippe le Hardy : Car le Comte d'Armagnac pré-tendant certain hommage de Gerard Sei-gneur de Liſle en Jourdain, qui ſoûtenoit ne le devoir qu'au Roy, cette exception qui ſembloit devoir l'obliger à quelque re-tenuë, l'irrita de ſorte qu'il leva une armée, & ſecondé du Comte de Foix ſon beau-frere, mit le Siege devant Liſle en Jour-dain. Le Roy offenſé de cette audace, en-voya au ſecours de l'aſſiegé, & des ordres auſſi juſtes que rigoureux contre ces deux Comtes qui ſe ſauverent, celui d'Arma-gnac chez ſon beau-pere le brave Gaſton de Montcade Seigneur de Bearn ; mais le Comte de Foix aſſiegé & pris dans ſon Château de Foix, qu'il croyoit imprenable, ne fit ſa paix qu'aprés un an de pri-ſon, ſon complice n'ayant fait la ſienne qu'aprés avoir vû ſes Terres pillées & ſac-cagées par les Troupes du Roy, qui ne ſe laiſſa fléchir qu'à la priere du brave Gaſton, que tous les Hiſtoriens de ce tems hono-rent de cette epithete ; & aprés la mort duquel ces deux Comtes qui avoient époufé, celui de Foix Marguerite aynée de Gafton, & celui d'Armagnac Amathe la feconde, entrerent en fi grand procez pour le Bearn, que Philippe le Bel leur permit le duel, fuivant l'ancienne & malheureufe coûtume des François. Il les arrêta toutefois lors qu'ils êtoient fur le point d'en venir aux mains, & les accommoda, ayant adjugé le Bearn au Comte de Foix, & donné le gouvernement de Languedoc au Comte d'Armagnac, le fils duquel fut fait Connêtable de France par Charles fixiéme; mais il abufa de fa faveur jufques à ce point, qu'il fit releguer à Tours la Reine Ifabeau de Baviere, qui, comme je l'ay dit fur le fujet des Anglois, en conçût un fi grand reffentiment, que pour s'en venger elle fe lia avec le Duc de Bourgogne, & prevalut de forte contre le Connêtable, que ce Duc ayant efté introduit dans Paris, il y fit maffacrer le Connêtable & tous ceux de fon parti, à l'exception du Dauphin que Tanegui du Châtel en fauva fort heureufement, & qui fut le Roy Charles feptiéme.

Ce defordre caufa un grand échec à la maifon d'Armagnac, qui en reçût un fecond lors que ce Roy êtoit à Touloufe:

Car ayant efté averti que Jean d'Armagnac quatriéme du nom, s'étoit avifé de
fe qualifier Iean par la grace de Dieu
Comte d'Armagnac, il lui fit défenfes de
plus ufer de ces termes, & commandement
de mettre en liberté la Comteffe de Comenge, que lui & le Comte de Foix tenoient captive pour l'obliger à faire Tef-
tament en leur faveur. Ils obéïrent, &
toutefois cette Comteffe étant morte à
quelque tems de là, le Comte d'Armagnac
s'empara de fes Terres ; Mais le Dauphin
qui fut dépuis le Roy Loüis onziéme, fut
auffi-tôt à fes trouffes, & par adreffe fe
faifit de lui, de fa femme & de fon fecond
fils, qui demeurerent prifonniers jufques
à ce que Pierre fon ayné, qui s'étoit fauvé
en Navarre, eût fléchi le Roy & en eût
obtenu avec la liberté de fa famille, le
rétabliffement dans leurs Terres.

Mais ce jeune Comte, abufant d'une fi
grande grace, ne fe contenta pas d'époufer fa propre fœur, fous pretexte d'une
fauffe difpenfe fabriquée par un certain
Ambroife de Cambrai, il fe liga avec le
Roy d'Aragon fon parent, contre la France ; de quoy Loüis XI. indigné, envoya
contre lui une puiffante Armée comman-

dée principalement par le Cardinal d'Alby,
qui l'affiegea dans Leytoure pendant trois
mois, au bout defquels fon fils né de fon
incefte, ayant efté tué, & le fecours qu'il
attendoit d'Aragon ne paroiffant point,
il fut obligé de fe rendre la vie & bagues
fauves ; mais pendant que l'on écrivoit la
Capitulation les affiegeans entrerent par la
brêche dans la Ville, où le Comte dé-
cendu du Château étant demeuré, fut tué,
& tout fon monde maffacré, hormis la
Comteffe & Charles frere du Comte, qui
furent menez à la Baftille où Charlez demeura quatorze ans, & n'en fut mis dehors
que par le Roy Loüis XII. qui lui rendit
toutes fes Terres, & même lui donna un
Curateur, parce qu'il étoit devenu infenfé
dans fa prifon : De forte qu'étant mort fans
enfans, François premier donna toute cette
grande fucceffion à Charles Duc d'Alen-
çon, fils d'une fœur de Pierre, & qui avoit
époufé Marguerite fœur du Roy, defquels
la maifon d'Albret ayant herité, le tout
paffa dans la fuite au Roy Henry IV.

ELECTION D'ASTARAC.

ELle eft compofée de fix cens quaran-
te-trois feux & quarante-cinq bellu-

gues. Le Siege de ſes Elûs eſt dans la petite Ville de Mirande ſur la riviere de
Baiſe, ainſi que le principal Bureau de ſa
Recette, l'autre étant à Maſſeube ſur le
Gers. Le païs eſt aſſez bon mais de peu de
commerce. Il porta titre de Comté, étant
un appanage de celle d'Armagnac, mais
elle paſſa dans la maiſon de Foix, Jean
troiſiéme du nom, Comte d'Aſtarac, petit fils d'Arnaud *Pas-nat*, ainſi nommé de
ce qu'il fut tiré des flancs de ſa mere qui
étoit morte en couches, n'ayant laiſſé
qu'une fille nommée Mathe ou Amathe,
laquelle épouſa Gaſton de Foix de Can-
dale.

ELECTION DE COMENGE.

COmme cette Election eſt d'une ſi
grande étenduë qu'elle entre bien
avant dans les Pirenées, la Recette s'en
fait dans trois Bureaux, dont le premier
eſt à Muret où eſt le Siege de ſes Elûs,
& où il y a un pont ſur la Garonne pour
paſſer de Guienne en Languedoc, & qui
n'eſt qu'à trois lieuës de Toulouſe ; le ſecond à Saint Martory ſur la même riviere,
& le troiſiéme à St. Girons en Gaſcogne.

Elle eſt de mille ſoixante-dix feux & ſoixante-dix bellugues. L'Evêque de Comenge entre aux Etats de Languedoc, à cauſe de la Ville de Valentine qui en dépend, êtant pour le reſte de ſon Dioceſe en Guienne. L'Egliſe de S. Bertrand eſt la Cathedrale, & ſur une croupe de montagne au bas de laquelle êtoit une Ville apellée dans les anciens Auteurs *Lugdunum* ou *Lugodunum*, *mons corvi*, mais elle fut détruite pour avoir donné retraite à Gondoüaud qui ſe diſoit fils naturel de Clotaire premier. Outre les fameuſes eaux d'Encoſſe, *aqua Oneſia ſive aqua Convenarum*, qui ſont dans ſon voiſinage, il y a deux autres Evêchés dans cette Election, celui de Saint Liſier, *Licerius*, ou de Couzerans, & celui de Lombés qui eſt de la Metropole de Touloufe. Saint Girons & Saint Beat ſont ce qu'il y a de plus fameux en ce païs-là pour le commerce, à cauſe de leurs foires où il ſe fait un debit extraordinaire de mulets, de mules, de chevaux & autre bétail que les Eſpagnols y viennent acheter par les ports ou cols de Paillas, de Salau & autres paſſages de France en Eſpagne.

Je ne parle point des autres Generalitez

du Royaume, dont le nombre eſt d'autant plus grand qu'on y doit comprendre les païs conquis, ſçavoir, la Flandres Françoiſe, l'Artois, le Cambreſis, l'Alſace, la Franche Comté & le Rouſſillon, où il y a des Intendants & les autres Officiers neceſſaires pour la Recette des Droits du Roy ; ce que je laiſſe à ceux qui en ſont mieux inſtruits que moy. Car je ne me ſuis propoſé que la Generalité de Montauban & ſon Intendance, dans laquelle la Comté de Foix eſt compriſe, ainſi que les Vallées de Nebouzan, d'Aure, de Neſtes & de Barouſſe.

COMTE' DE FOIX.

QUelques Auteurs ont dit que le Foix faiſoit une partie de l'ancienne Aquitaine ou Novempopulanie de Ceſar, ſous pretexte du mot de *Fluſſates* qui ſe lit dans ſes Commentaires : Mais d'autres ſoûtiennent que c'eſt une faute des Copiſtes, & qu'au lieu de *Fluſſates* il faut lire *Eluſates*, qui étoient en effet les peuples d'Euſe. Parce que Ceſar ayant renfermé ſa Novempopulanie entre la Garonne, la Mer & les Pirenées, en exclut par conſequent

le

le Foix qui eſt au delà de la Garonne, &
qui a eſté autrefois compris dans la premiere Narbonnoiſe, dont il a eſté diſtrait
dans la ſuite ſous l'autorité de ſes Comtes;
Car pendant ſix cens ans qu'ils ont ſub-
ſiſté, ils ſe ſont extremement autoriſez,
s'étant maintenus, à l'imitation du Languedoc, dans l'uſage de ſe gouverner par des
Etats qui ſe tiennent encore tous les ans
dans la Ville de Foix, quoique dans leur
commencement, c'eſt à dire l'an 1062. la
Seigneurie de Foix ne fut que l'appanage
d'un cadet des Comtes de Carcaſſonne,
qui décendoient d'un Comte de Barcelon-
ne; Car la Catalogne, ſelon Catel, n'étoit
pas alors cenſée une Province d'Eſpagne.
Les Comtes de Toulouſe même prétendirent qu'ils avoient honoré les Seigneurs de
Foix du titre de Comtes, & qu'à cauſe de
cela ils étoient leurs hommagers : Mais les
Comtes de Foix ſoûtenoient au contraire
que comme il n'y avoit que le Roy qui eut
ce droit, ils ne le tenoient auſſi que de lui,
& refuſerent de faire hommage au Comte
de Toulouſe. Ces Comtes cependant furent dans tous ces tems extremement fâ-
cheux : Car ils s'engagerent ſouvent dans
les interêts des Anglois contre la France,

G

& même contre la Religion, ayant esté des plus ardens à maintenir le parti des Manichéens qui se remirent sur pié dans l'onzième siecle sous le nom d'Albigeois: Nom qui leur fut donné du Concile tenu à Lombés dans le Diocese d'Alby, & où ils furent condamnés, & tellement détruits par la Croisade, dont le Comte de Montfort fut le Chef, que le peu qui en resta s'alla cacher dans les Montagnes de Savoye, après la bataille de Muret, dans laquelle le Roy d'Aragon, qui êtoit venu au secours des Comtes de Foix & de Toulouse, fut tué.

Ces Comtes neanmoins firent leur paix avec l'Eglise & avec le Roy, dont les principales conditions furent à l'égard du Comte de Foix, qu'il abandonneroit à Guy de Levis, surnommé le Marêchal de la foy, les Terres dont par la Croisade il avoit esté mis en possession, & qui sont celles dont joüissent encore presentement les Marquis de Levis de Mirepoix; & à l'égard du Comte de Toulouse, qu'il marieroit Jeanne sa fille unique avec Alphonse frere du Roy Saint Loüis.

Ce qui fut suivi d'un grand changement arrivé dans la maison de Foix: Car Gas-

ton Phebus qui en étoit le douziéme
Comte, en fut le dernier de la ligne maf-
culine, parce qu'il mourut fans enfans,
ayant fait trancher la tête à fon fils unique,
prétendant l'avoir convaincu d'empoifon-
nement à la fuggeftion du Roy de Navarre
fon beau-frere. Il fut toûjours fort attaché
aux interêts de la France, & vêcut dans
une grande magnificence, felon le goût de
ce fiecle-là. Froiffard en fait quelque détail
au fujet du voyage que Charles VI. fit à
Touloufe, où il dit que le Comte l'alla
faluer accompagné de fix cens Chevaliers,
& que le Roy s'étant mis en chemin pour
lui aller rendre la vifite, le Comte envoya
au devant de lui cent Chevaliers vêtus en
Paftres, & qui lui prefenterent un grand
nombre de moutons gras, cent bœufs qui
avoient au col, comme les moutons, des
clochettes d'argent, & douze chevaux des
plus Beaux de fon écurie. De forte que le
Roy étant de retour à Paris, où il apprit fa
mort, donna la Comté de Foix à Mathieu
parent du Comte, & fils du Vicomte de
Caftelbon : Ce qui donna lieu au mariage
de ce nouveau Comte avec Jeanne fille du
Roy d'Aragon. Il ne fut toutefois Comte
que neuf ans, & mourut auffi fans enfans,

Si bien qu'Isabeau sa sœur, mariée auparavant à Archambaud de Grailly Captal de Buch, lui succeda. Ce Captalat étoit une Seigneurie considerable sur une pointe de terre qui s'avance extremement dans la Mer, sept lieuës au dessus de Bordeaux, & qui, comme Bordeaux, fut peuplée par les peuples de Berry ; c'est pourquoy elle est nommée par Ausone *Testa boiorum.*

Archambaud cependant s'étant mis en possession de la Comté de Foix, prétendit s'y maintenir nonobstant que le Roy l'eut fait saisir : Mais aprehendant de succomber, il se rendit à la Cour avec sa femme, & sous les auspices de la Comtesse d'Artois sa proche parente, il en obtint la mainlevée.

Jean son fils ainé lui succeda dans la Comté de Foix, Gaston le second dans le Captalat de Buch, & Mathieu le troisiéme eut pour sa part la Comté de Comenge. Ce Jean eut de Jeanne d'Albret Gaston qui lui succeda dans la Comté de Foix, & fut marié à Eleonor fille du Roy de Navarre, & laquelle succeda au Royaume de son pere. Ainsi Gaston Comte de Foix, & par sa femme Roy de Navarre, étant mort en 1472. eut pour successeur dans l'un

& dans l'autre François Phebus marié à
Magdelaine sœur de nôtre Roy Loüis XI.
de laquelle il n'eut qu'un fils aussi nommé
François Phebus, & une fille nommée
Catherine. Mais ce jeune François Phebus
êtant mort un an aprés son Couronne-
ment, Catherine sa sœur lui succeda dans
la Comté & le Royaume, aprés un grand
procez qu'elle eut avec le Vicomte de
Narbonne son oncle paternel, & à qui
pour sa pretention elle fut obligée de ce-
der les Villes de Saverdun, Mazeres,
Montaut & Gibel, dans lesquelles, ainsi
que dans la Vicomté de Narbonne,
il eut pour successeur Gaston son fils unique, qui fut General des Armées du Roy
Loüis XII. en Italie, où aprés une infinité de grandes actions qu'il couronna par
la fameuse victoire de la bataille de Ra-
vene, il fut tué en poursuivant les fuyards
âgé seulement de vingt-quatre ans. De sorte
qu'ayant échangé ses Terres & cette Vicomté avec la Duché de Nemours, le
tout par sa mort revint à la Couronne. La
reputation de ce jeune Heros, dont le por-
trait est dans la galerie du Palais Royal,
m'a semblé meriter cette petite digression.
Ainsi je reviens à Catherine sœur de Fran-

çois Phebus & fon heritiere, pour dire
qu'elle époufa Jean d'Albret, qui par ce
mariage fe vid Roy de Navarre, Comte
de Foix, Comte de Bigorre & Vicomte
de Bearn. Ce fut fur lui que Ferdinand
Roy d'Aragon envahit la Navarre en 1513.
fous le pretexte d'une prétenduë Excom-
munication du Pape : Mais comme c'eft
un Royaume de petite étenduë, & même
fort inculte, principalement dans la partie
qui eft au delà des Pirenées, nos Rois ont
en quelque maniere negligé d'y r'entrer,
s'étant contentés de la partie qui eft au
deçà de ces montagnes, dont Navarreins
eft ce qu'il y a de confiderable.

Henry d'Albret & Marguerite n'eurent
qu'une fille nommée Jeanne, qui leur fucceda tant au Royaume de Navarre qu'au
refte de leurs Principautez. Elle fut parfaitement bien élevée, & comme elle avoit
beaucoup d'efprit, elle aprit le Grec & le
Latin : Mais fa mere ayant panché du côté
du Luteranifme, Jeanne fe laiffa feduire
au Calvinifme. Elle fut mariée à Antoine
de Bourbon Duc de Vendome, qui mourut d'une bleffure qu'il reçût au fiege de
Roüen. De forte que Henry leur fils unique leur fucceda dans toutes ces Princi-

pautez, ainfi qu'à la Couronne de France par la mort de Henry troifiéme.

J'ay dit parlant de la Comté de Foix, qu'elle fe gouverne par fes Etats particuliers, mais je croy devoir ajoûter que l'Ariege, *Aurigera*, ainfi nommée parce qu'elle charie de l'or, paffe de Foix à Pamies, à Saverdun, à Auterive & entre dans la Garonne à Pinfaguel qui n'eft qu'à deux petites lieuës de Touloufe ; que cette Comté abonde en grains, en vins, en pâturages & en mines de fer ; qu'elle s'étend fort avant dans les Pirenées, & qu'elle contient cent cinquante-neuf Villes, Bourgs & Villages.

COMTE' DE NEBOUZAN.

LA Ville de Saint Gaudens qui pour le fpirituel dépend de l'Evêché de Comenge, & où il fe fabrique quantité d'étofes de laine, eft la Capitale de Nebouzan qui ne confifte avec la Ville de S. Gaudens qu'en cinquante-huit Bourgs ou Villages. La Valée de Magnoac n'en contient avec la petite Ville de Caftelnau que 38.

La Valée d'Aure avec fa petite Ville de Sarancoulin, n'en contient que trente.

La Valée de Neſte ne contient avec le Bourg de la Barthe que ſept Villages ou Hameaux.

Et celle de Barouſſe ·avec le Village d'Anla, que dix-huit. Les unes & les autres abondent en pâturages bien plus qu'en terres labourables & qu'en vignes. Quoique les peuples en paroiſſent groſſiers, ils ſont neanmoins aſſez entendus dans leurs affaires, & même aſſez paiſibles ſous la direction de leurs petits Etats, qui reſſortiſſent à la Chambre des Comptes de Pau.

Quoiqu'il ſemble qu'il y ait en tout cela beaucoup de matiere pour une ſimple promenade, nous ne laiſſames pas d'en mettre ſur le tapis pluſieurs autres, & principalement touchant le langage ancien de la Gaule, des Auteurs fort graves croyant qu'il êtoit Grec : Ce qui parut à quelques-uns de la compagnie fort extraordinaire; de ſorte que la deciſion en fut remiſe à une autre promenade.

Cum nihil habemus calamo ludimus.
PHEDRE.

QUATRIE'ME PROMENADE DE TEMPE'.

A MONSIEUR DE LA TOUR DALIE'S.

MONSIEUR,

Vous avez raifon de dire que je fais mon bijou de Tempé. En effet, je le trouve très-agreable, & j'ay cela de commun avec toutes les perfonnes qui s'y font promenées. Je fçay ce qu'eftoit Verfailles fous Loüis le Jufte, & ce qu'il eft fous Loüis le Grand : ce qu'eftoit Meudon fous M. Servien, & ce qu'il eft fous Monfei-

A

gneur : ce qu'eſtoit Saint Clou ſous M. de
Gondy, & ce qu'il eſt ſous M. le Duc
d'Orleans : enfin ce qu'eſtoit Chantilly
ſous M. de Montmorency, & ce qu'il eſt
ſous M. le Prince. Je pourrois encore parler de Fontainebleau, de Chambor, & de
pluſieurs autres lieux que l'art a rendus ſi
celebres, & par là vous convaincre que
j'ay aſſez de connoiſſance de ces ſortes de
merveilles, pour demeurer dans la moderation que me preſcrit un auſſi petit lieu
que noſtre Tempé, dont auſſi je ne parle
que par rapport à ce que Virgile, Horace,
Ovide, Pline, Elien & tant d'autres diſent du Tempé de Teſſalie, qu'ils ne loüent
pas comme un lieu qui dût à l'art l'agrément qu'ils y trouvoient ; auſſi l'art n'y
avoit-il rien contribué : il n'en eſtoit rede-
vable qu'à la nature, qui a fait la même
grace à celuy dont je parle. Son bon air,
ſon agreable ſituation, ſes fleurs, ſes fruits,
ſon vin, ſon eau, l'honneſteté du maiſtre,
& noſtre longue amitié eſtant la cauſe de
l'idée que j'en ay, & de l'eſtime que j'en
fais. De ſorte que la coûtume de Montauban eſtant de celebrer le premier jour de
May avec tant de joye, que preſque tout

le monde quitte la Ville ce jour-là pour
s'aller divertir à la campagne, M. Daraſſus
nous fit avertir la veille que le lendemain
il nous attendroit à Tempé. Nous crûmes
bien n'y eſtre pas moins de trois, parce
qu'il ne faut jamais eſtre moins dans ces
ſortes de divertiſſemens en l'honneur des
graces, ni plus de neuf en l'honneur des
muſes. Auſſi ne nous trouvâmes-nous pas
davantage au rendez-vous, & tous ſi matin, que nous vîmes

La nuit ſe retirer dans ſa grote profonde,
Les oiſeaux commencer leur ramage charmant,
Zephire ſe lever, & les fleurs ranimant,
Parfumer d'un doux air la campagne feconde.

C'eſt à dire en langage plus commun,
que nous eſtant joints ſur les cinq heures
du matin ſous les ormeaux qui ſont devant
la Chapelle du Seminaire, nous continuâ-
mes noſtre marche à pied, tant la beauté
du jour & du chemin nous fit negliger les
voitures dont nous avions accoûtumé de
nous ſervir en pareille occaſion ; de quoy
perſonne n'eut ſujet de ſe repentir, chacun
par ce moyen s'eſtant trouvé en eſtat de

prendre part au divertiffement que nous donna un barbet qui appartenoit à un des conviez. Car comme fi cet animal eût voulu de concert contribuer au plaifir de la promenade, il fit cent bonds, cent fauts & cent courfes par le chemin. Son maiftre même pour nous faire voir que la capacité de fon chien ne fe bornoit pas ni à cela, ni à fuivre un canard dans l'eau, s'eftant apperceu qu'il avoit laiffé tomber un de fes gans, il ne fit que luy montrer l'autre & l'animer de la voix & de la main à l'aller chercher. Ce que le barbet comprit & executa fi bien, qu'il alla en effet à plus de trois cens pas de là chercher ce gant, & le rapporta à fon maiftre.

Nous admirâmes cette action qui donna fujet à un Peripateticien de la compagnie de fe recrier, que l'on ne pouvoit douter qu'il n'y eût là plus que de l'automate. Ce qu'un Cartefien releva auffi-tôt, & dit qu'il y avoit d'autres beftes qui faifoient des chofes encore plus extraordinaires, & plus furprenantes que ce que venoit de faire ce barbet, fans que pour cela elles en fuffent moins automates. Et moy, répondit le Peripateticien, c'eft de là que je

conclus qu'elles ne le font pas, & que tout
au contraire, voyant, connoiffant & en-
tendant, comme il eft vifible qu'elles font,
c'eft une preuve qu'elles raifonnent, & par
confequent qu'elles ont une ame, differente à la verité de celle de l'homme.

Cette matiere nous fervit d'entretien
jufqu'à Tempé, où aprés les premieres ci-
vilitez faites au maiftre du logis, & quelques reflexions fur la beauté du jour & du
lieu, nous entrâmes dans le jardin, d'où
nous paffâmes dans un fort grand cabinet,
où nous eftant affis, on reprit le difcours
de l'automate. Le Peripateticien rebatit
fommairement ce qu'il avoit déja dit, &
pour l'appuyer, nous compta l'hiftoire celebre de ce chien de Montargis, qui n'in-
diqua pas feulement le lieu où eftoit le
corps de fon maiftre affaffiné dans un bois,
mais hurla & aboya fi opiniâtrement aprés
l'affaffin, que l'ayant par là rendu fufpect
du meurtre, on ordonna fuivant l'ufage de
ce temps-là que faute d'autre preuve, il fe
battroit contre le chien, qui le prit à la
gorge, & le porta par terre, où ayant
avoüé le fait aux Juges, ils le laifferent
achever au chien.

L'hiſtoire, continua-t-il, du mulet d'un regratier ou vendeur de ſel, ne fait pas moins au ſujet. Car ce mulet chargé de ſel traverſant une riviere, broncha ſi rudement, qu'y eſtant tombé, ſon ſel qui en fut moüillé, ſe fondit : de quoy le mulet s'eſtant trouvé fort ſoulagé par la diminution du poids de ſa charge, il ne manqua pas quelques jours aprés, paſſant avec ſa charge la même riviere, de s'y plonger; & comme il s'en trouva également ſoulagé, il fit deux autres fois la même choſe au grand préjudice de ſon maiſtre, qui ayant reconnu la ruſe du mulet, l'en chatia ſi bien, qu'il s'en corrigea; & ainſi fit connoître par ces differentes actions, non ſeulement qu'il connoiſſoit, mais qu'il raiſonnoit.

Je dirois même encore, ajoûta-t-il, quelque choſe qui fortifieroit extrémement cet exemple, ſi je n'apprehendois d'importuner la compagnie : & comme on luy eut témoigné qu'on l'écouteroit agreablement, il dit qu'il trouvoit que le raiſonnement de ce mulet avoit un juſte rapport avec ce que fit Eſope eſtant eſclave d'un Marchand. Car ce Marchand voulant aller à une foire

éloignée de quelques journées du lieu de
sa demeure, remplit de sa marchandise divers paniers, & mit dans un autre ses provisions de bouche, tant pour luy que pour
ses esclaves, qui voyant ce panier plus pesant que les autres, éviterent de s'en charger. Esope au contraire, en fit agreablement son partage, & par là s'attira la raillerie de ses compagnons, qui en jugerent
comme d'un stupide. Mais la raillerie retomba sur eux, quand ils virent qu'à proportion de leur marche, & de leurs repas,
la charge d'Esope devenoit plus legere.
Ainsi le raisonnement d'Esope n'aboutissant qu'à se soulager de la pesanteur de son
fardeau, & le mulet s'estant visiblement
proposé une même fin, on peut dire que
comme il y eut parité de raisonnement en
l'un & en l'autre, le mulet ne fut pas plus
automate qu'Esope.

Le Cartesien nia cette consequence;
mais comme le Peripateticien vit que la
compagnie luy aplaudissoit, il continua,
& dit qu'il n'avoit pretendu prouver autre
chose par cette comparaison, sinon que les
bestes raisonnoient. Puisque raisonner n'étant que passer d'une chose connuë à une

inconnuë, il est visible que ce fut comme cela se passa dans ce mulet, qui dût penser que comme le sel moüillé s'estoit en partie resolu en eau, qui s'estant écoulée avoit diminué la pesanteur de sa charge, jugea que s'il continuoit de se plonger dans la même riviere, il continueroit aussi d'en recevoir le même soulagement ; & ainsi il connut ce qui devoit arriver, c'est à dire, par une chose connuë une chose inconnuë.

Ce qui ayant excité une grande attention dans la compagnie, il ajoûta que s'il n'estoit pas importun, il joindroit un autre exemple à ceux dont il ne doutoit point que la compagnie ne fût également satisfaite. Nous regardâmes le Cartesien comme pour en obtenir la grace que le Peripateticien demandoit. Ce qu'il accorda fort agreablement, mais à condition qu'on auroit pour luy le même égard. La chose estoit trop juste pour estre refusée. Si bien que le Peripateticien continuant, nous cita cet Elephant qui porta de la part de son maistre un chauderon percé à un Chauderonier pour le racommoder. Plusieurs de la compagnie témoignerent sçavoir cette histoire ; mais ceux qui ne la sçavoient pas,

pas,

pas, prierent le Peripateticien de continuer. J'avoüe, dit-il, que cette histoire n'est pas nouvelle, & que même elle a esté imprimée, mais elle n'en fait que mieux au sujet, puis qu'on y voit cet animal raisonner comme son maistre. Car aprés que le Chauderonier eut racommodé le chauderon, l'Elephant qui le rapporta à son maistre, observa qu'il mit de l'eau dedans, laquelle s'estant écoulée il connut que le chauderon estoit mal racommodé, & obligea l'Elephant de le rapporter au Chauderonier, qui l'ayant reparé, l'Elephant mit de l'eau dedans comme avoit fait son maistre, & voyant qu'elle ne s'écouloit point, il jugea que le chauderon estoit dans l'état où le desiroit son maistre, & le luy porta.

L'exemple des Singes de la Guinée, où ils sont bien plus grands, & plus puissans qu'ailleurs, est une addition de preuve, que je ne dois pas oublier. Car ils y servent à fendre le bois, à porter de l'eau, à faire les lessives, à tourner la broche, à rincer les verres, à servir à table, & à plusieurs autres fonctions semblables. Ceux qui les élevent les accoûtumant à ne marcher que sur les pattes de derriere, pour les obliger

B

à ne se servir que de celles de devant pour ces sortes de fonctions, parce qu'ils les ont aussi pliables que nous les mains.

Le Cartesien qui se lassoit d'entendre toutes ces choses qui n'estoient pas de son goût, l'interrompit brusquement, & dit que tous ces exemples, & un grand nombre d'autres, avoient esté alleguez plus de cent fois depuis un siecle, sans que l'on fût persuadé que les bestes fussent que des bêtes, & de veritables automates ou machines qui n'agissent que par ressorts, comme les horloges & les pandules, dont les unes n'ont besoin d'estre montées qu'une fois en huit jours, & les autres dans des espaces bien plus éloignées : & que comme ces automates n'agissent si regulierement que par le mouvement de leurs ressorts, les bestes n'agissent aussi que par le mouvement que leur sang & leurs autres humeurs font en elles. A quoy il ajoûta l'exemple de la Mouche de fer de Jean de Montreal. C'estoit un de ces beaux esprits qui avoient suivy Charles Quint dans sa solitude, où pour le divertir Montreal fit cette Mouche, laquelle par certains ressorts qui estoient au dedans, fit en volant

plufieurs tours dans une grande fale, &
puis fe vint pofer fur la manche de ce
Prince.

La compagnie admira cet automate ; &
l'adreffe de fon auteur ; mais ne trouva pas
que ni cela ni le refte de ce qu'avoit dit le
Cartefien, dût prévaloir fur ce qu'avoit
dit le Peripateticien, qui pour donner la
derniere forme à fon fyfteme, ajoûta que
comme l'ame fpirituelle produit dans les
hommes la connoiffance, l'entendement,
& le raifonnement, une ame matérielle
produit proportionnément ces mêmes ef-
fets dans les beftes, & que c'eft comme
tous les Theologiens en parlent. A quoy
le Cartefien fe contenta de repliquer qu'il
en doutoit d'autant plus juftement, que fi
cela eftoit vray, il s'en tireroit des confe-
quences tres-dangereufes.

Il y avoit dans la compagnie un Theo-
logien, fur lequel on jetta les yeux comme pour l'obliger à parler, & à fe rendre
arbitre de ce different. Il s'eftoit conten-
té jufques là de fe divertir comme les autres de l'entretien de ces deux antagoniftes.
Mais fe voyant ainfi obligé d'entrer en
lice, il dit que la difference que le Peripa-

B ij

reticien mettoit entre l'ame de l'homme &
celle de la beste, estoit fondée sur la sainte Ecriture, où dans la creation des bestes
Dieu se servit de ces paroles : *Producat ter-
ra animam viventem in genere suo, jumen-
ta, reptilia & omnes bestias.* De sorte que
la terre estant ce qu'il y a de plus materiel,
n'a pû en les produisant leur donner qu'une
ame conforme à ce qu'elle est : au lieu qu'à
l'égard de l'homme Dieu en usa d'une maniere bien differente. Il est vray qu'il le
crea du limon de cette même terre ; mais
outre qu'il le crea à son image & semblan-
ce, *inspiravit in faciem ejus spiraculum vi-
ta & factus est in animam viventem ;* c'est
à dire, qu'il repandit sur son visage un souffle de vie, & il devint vivant & animé. Ce
souffle de vie n'estant autre chose, selon
tous les Peres de l'Eglise, que cette ame
spirituelle que Dieu ne tira pas du corps,
afin qu'on ne pût pas dire qu'elle fût mate-
rielle, mais de son souffle Divin, d'où elle
est si justement appellée spirituelle.

Cette conversation, que je ne rapporte
qu'en gros, nous divertit jusqu'à neuf heures. De sorte que comme nous nous étions
levez si matin, & que le chemin que nous

avions fait à pied nous avoit donné de l'apetit, nous vîntes de bon œil un valet officieux qui nous apporta quelques tranches de jambon avec leur suite ; & ainsi prévint l'impatience que nous eût pû causer l'éloignement du dîné, dans l'attente duquel nous allâmes voir pleurer la vigne : ce qui ne se passa pas sans de grandes reflexions. Car nous admirions que contre ce qui arrive dans les autres arbres qui employent toute leur seve à produire leurs feüilles, leurs fleurs & leurs fruits, la vigne prodigue si étrangement la sienne par le grand écoulement qu'elle ne manque jamais d'en faire en cette saison : mais il n'y en eut point de si plausible que celle du Peripateticien, qui soûtint que ce grand écoulement ne se faisoit que du superflu de la seve de ce bois admirable, pour rendre plus pur le jus de son fruit.

Ces reflexions nous donnerent sujet d'en faire d'autres touchant nos ancestres qui ne bûvoient point de vin, mais du cidre, & de la biere, ou quelque liqueur semblable, les vignes n'ayant esté plantées dans la Gaule, selon divers auteurs, que sous l'Empereur Probus, c'est à dire, vers l'an

279. de l'aire Chreſtienne. Ce n'eſt pas
que Plutarque ne paroiſſe d'un ſentiment
contraire : car il dit que les Gaulois ne
firent la guerre aux Toſcane, & aux Romains qu'aprés qu'Aruns habitant de Clu-
ſium, leur eut fait boire du vin, qu'ils trouverent ſi bon, que cela leur fit entrepren-
dre la conqueſte d'un païs qui portoit ce
nectar. Pline en dit autant quant au motif, mais differemment quant aux perſonnes : car au lieu d'Aruns, il nomme Elico,
qui ayant eſté en Italie pour apprendre la
ſculture, *romeans, ficum ſiccam & vuam,
oleique & vini præmiſſa ſecum attulit, quâ-
propter vel bello quæſiſſe venia ſit*, ce ſont
les paroles de cet auteur. Si bien que pour
le concilier luy & Plutarque avec ceux qui
ne mettent des vignes dans la Gaule que
depuis Probus, il faut diſtinguer la Gaule
Tranſalpine, qui à l'égard des Romains
eſtoit celle de deçà les Alpes, d'avec la
Ciſalpine, qui eſtoit celle de delà, & dans
laquelle les Gaulois qui la conquirent trouverent des vignes ; au lieu qu'il ne s'en
planta dans la Gaule où nous ſommes, que
ſous Probus. Il nous ſembla cependant que
Pline & Plutarque avoient fait une groſſe

injure à nos peres d'attribuer leurs conquestes à un aussi indigne motif que celuy-là, dont toutefois celles qu'ils firent en Allemagne, en Hongrie, en Grece, & jusque dans l'Asie, les dédommagent suffisamment.

L'avis que le dîné estoit sur table, finit cette conversation, & nous fit passer du jardin dans le salon. Tout y estoit propre & d'autant meilleur, qu'encore que ce soit un usage dans Montauban de manger de l'ail ce jour-là comme un preservatif contre toutes sortes de maladies, ce que toutefois les Medecins traitent de superstition, on avoit eu cette précaution en faveur de ceux qui ne l'aiment point, de l'en bannir entierement. Il ne nous manqua que des trufles, aussi n'en estoit-ce pas la saison. Car selon Pline elles ne viennent proprement qu'en Automne, *cum fuerit imbres Autumnales & tonitrua crebra.* Juvenal toutefois dit, comme je l'ay remarqué autre part, qu'elles viennent également au Printemps.

Post hunc raduntur tubera, si ver
Tunc erit, & facient optata tonitrua cænas
majores.

Cet auteur voulant dire par *canas majores*, que les truffes qui estoient aux Romains une espece d'entremets, leur servoient à prolonger le plaisir de la table, à cause du temps que l'on employoit à les ratisser. M. Darassus nous en fit de grandes excuses : mais pour y suppléer, il nous fit servir des raisins presque aussi frais qu'en vendanges, & dont je me regalay autant que firent les autres d'un excellent fromage de Roquefort.

Nous observâmes sortant de table l'axiome medicinal, *post prandium sta*, premierement pour remercier Dieu, puis le Maître du logis, & enfin pour oüir la lecture qu'un de la compagnie nous fit du Mercure du mois de Février, & du mois de Mars. Il la commença par la relation du sacré du Roy de Prusse, c'est à dire, du Marquis de Brandebourg Prince Protestant, & l'un des Electeurs de l'Empire. On voulut gloser sur l'érection de ce Royaume par l'Empereur : mais je trouvay qu'il estoit mieux d'en laisser la discussion à la Republique de Pologne, & au grand Maistre de l'Ordre Tutonique, nous contentant de reflechir sur deux choses, dont l'une nous fit

rire,

tire, c'eſt à dire, ſur le bœuf roſty dans la
place de l'écurie, & duquel deux Maré-
chaux de la Cour ſuivis de pluſieurs Gen-
tilshommes, allerent gravement en cou-
per une tranche, & la porterent au grand
Maréchal qui la ſervit avec la même gra-
vité devant le nouveau Roy.

L'autre remarque regarde le ſacre même, les Miniſtres Calviniſtes l'ayant fait
avec diverſes prieres, & une onction d'hui-
le, quoyque la ſecte anatematiſe ces ſain-
tes ceremonies. Ce qui marque combien
elle eſt peu d'accord avec elle-même, &
combien il eſt funeſte à ces branches de
s'eſtre ſeparées de leur tronc.

Il nous lût enſuite pluſieurs ouvrages
en proſe & en vers, & entr'autres une
Epiſtre adreſſée à Sa Majeſté Tres-Chré-
tienne ſur le départ du Roy Catholique,
dont la verſification nous ſembla fort belle,
ainſi que la feſte donnée à ce jeune Prince
dans Luſignan. Ce qui ſe paſſa dans Sain-
tes nous plût également. De ſorte que
nous trouvant ſi prés de Bordeaux, nous
le priâmes de nous continuer ſa lecture,
l'entrée de ce Prince dans une ſi grande
ville ne pouvant eſtre que quelque choſe

C

de magnifique. En effet, son port qui sans art est un des plus beaux du monde, nous le parut infiniment davantage par le recit de tout ce qu'y firent ses habitans pour signaler le zele & la joye qu'en demandoit une si glorieuse conjonćture.

Il passa tout ce qui se fit depuis Bordeaux jusqu'en Espagne, à cause de l'impatience où nous estions d'apprendre le détail de l'entrée des Ducs de Bourgogne, & de Berry dans Toulouse. Comme elle est la plus grande ville du Royaume aprés Paris, & que le Roy en avoit esté extrémement satisfait pendant le long séjour qu'y fit Sa Majesté en 1660. la Cour de ces Princes estoit avantageusement prévenuë en sa faveur. Aussi y répondit-elle parfaitement; car il ne se peut rien ajoûter à tout ce que fit ce grand peuple pour cela. Les Princes, que l'Intendant de Montauban avoit esté recevoir à Auch, où commence la Generalité de ce costé-là, & où il fit tout ce que sa magnificence naturelle luy suggera, entrèrent par le pont neuf, dont la strućture ne cede en rien à ceux de Paris. Les ruës estoient tenduës de riches tapisseries jusqu'à l'Archevêché, où ils des-

cendirent, & qu'ils trouverent tres-beau
& fomptueufement meublé, l'Archevêque
n'ayant rien obmis pour le rendre digne
de l'honneur d'une telle vifite. Le refte de
leur fejour s'employa à vifiter les Eglifes.
Ils commencerent par celle de S. Eftien-
ne, où ils furent receus par le Chapitre,
à la tefte duquel ce Prélat leur fit un difcours auffi Chreftien qu'éloquent. Ils allerent enfuite à celle de Saint Sernin, fi
celebre par le grand nombre de Corps
Saints que l'on y conferve depuis les premiers fiecles du Chriftianifme. Ils vifite-
rent auffi celle des Jefuites, où ce Prélat
fe trouva, & leur prefenta l'eau benite.
Le Canal de la jonction des deux mers
leur parut d'autant plus digne de leur cu-
riofité, que c'eft en effet un ouvrage auffi
admirable en bien des manieres, que tres-
utile à l'Etat. Ce fut le jugement qu'en
porta toute la Cour de ces Princes, qui
prirent plaifir à s'y promener pendant leur
route dans des barques parées magnifique-
ment, & où même on leur fit divers fef-
tins fort fomptueux.

Nous eftions fi charmez de cette lecture, que nous paffâmes jufques à celle de ce

que Montpelier & Nismes ont fait de
grand & de beau en cette occasion pour
soûtenir l'estime que l'on a de leurs habitans. Je dois dire toutefois que nous ne
nous arrestâmes pas tant aux décorations
de toutes ces magnificences, qu'aux Ha-
rangues dont elles furent accompagnées,
à cause qu'il s'y remarque tant d'esprit &
d'éloquence, que nous ne pouvions assez
admirer que ce qui sembloit n'estre propre
qu'à la Cour, & qu'à Paris, fût si commun aux Provinces qui en sont le plus éloignées. Mais ce qui nous avoit semblé d'a-
bord si extraordinaire, nous parut une chose assez naturelle, quand nous eûmes reflec-
chy au genie de la nation, ainsi qu'à l'établissement des Academies qui ont reveillé
dans les enfans l'éloquence si celebre de
leurs peres ; les Gaulois plus de six cens
ans avant que Cesar les attaquât, ne pas-
sant pas moins pour sçavans & éloquens,
que pour braves. C'est un témoignage que
leur rend Saint Jerôme, qui estant dans la
Gaule, trouva que le langage en estoit extrémement doux & abondant. On sçait ce
que le même Cesar dit de leurs Druides
qui estoient leurs Theologiens, leurs Phi-

losophes, & leurs Jurisconsultés, & dont
il dit que la doctrine principale estoit renfermée dans un grand nombre de vers
Grecs. Ce qui joint à ce que divers auteurs disent de leurs caracteres, a fait penser au sçavant Budée, qu'ils parloient Grec,
& même qu'ils avoient communiqué leurs
caracteres aux peuples de l'Achaye. C'est
ce que l'on appella depuis la Grece, laquelle, selon Ptolomée dans le cinquiéme livre de sa Geographie, les Gaulois avoient
habitée, & y avoient laissé vray - sembla-
blement leur langage : Annius de Viterbe
sur le faux Berose, ajoûtant qu'ils y établi-
rent leurs loix & leurs sciences. De sorte
que ce fut là vray-semblablement que Pherecide, qui fut Precepteur de Pitagore, en
apprit le dogme de l'Immortalité de l'Ame
qu'il insinua aux peuples de ces contrées.
Ce Pherecide, selon Ciceron dans ses Tus-
culanes, ayant esté le premier des Philo-
sophes Grecs qui professa ce dogme.

A ce discours un Taciturne de la compagnie prit la parole, & dit que s'estant
toûjours fait honneur d'estre aussi franc
Gaulois que bon François, il ne se devoit
pas dispenser de dire son sentiment sur une

matiere fi importante. On fit filence auffi-
tôt ; car on ne douta point qu'il n'eût à
dire quelque chofe qui appuyât ce que
nous venions d'entendre ; & l'on ne fe
trompa point, car pour confirmer ce qui
s'eftoit dit de la fcience & de l'éloquence
de nos anceftres, il cita Lucien, qui bien
que Grec, parle dans fon Hercule Gaulois
d'autant plus avantageufement de nos peres, qu'il les traite de grands Philofophes,
& même en prefere l'éloquence à celle des
Grecs qu'il n'attribuë qu'à Apollon , &
celle de nos peres à cet Hercule qu'ils re-
prefentoient fuivy d'une multitude de gens
attachez à fa langue par des filets d'or &
de foye. Ce qui ne pouvoit pas mieux faire au fujet, ni prouver plus fortement ce
fyfteme.

Comme cette converfation avoit efté
longue, on fe leva pour prendre haleine ;
on fe promena, quelques-uns joüerent au
mail, d'autres aux échecs, & d'autres au
trictrac, mais fans avarice, & par confequent fans tricher, fans fe mettre en cole-
re ni jurer. Parce que dans une preceden-
te promenade nous avions anatematifé les
perfonnes qui joüent par un autre motif

que par divertiſſement. Car l'avarice étant le motif de tous les joüeurs de profeſſion, elle eſt auſſi la cauſe de tous les effroyables défauts où ils tombent.

Ce petit mot de morale ne déplut à perſonne, & fut ſuivy de la demande que le Peripateticien fit au Taciturne, d'où venoit qu'il nous reſtoit ſi peu de choſe de l'ancienne Gaule, & que l'origine des François eſtoit ſi obſcure. Il n'eſt pas difficile, répondit le Taciturne, de le deviner ; car outre que les Druides écrivoient peu, Ceſar & les autres Romains aprés luy, les regardans comme gens paſſionnez pour leur liberté, les perſecuterent de ſorte qu'on ne s'en prit pas moins à leurs écrits qu'à leurs perſonnes. Il ajoûta quant à l'obſcurité de l'origine des François, qu'il s'en falloit d'autant moins étonner, que les longues guerres qu'ils firent pour s'établir dans la Gaule & la faire changer de nom, ne leur donnerent pas le temps de vaquer à l'étude. De ſorte qu'ils oublierent ce qu'ils eſtoient pour ne ſonger qu'à ce qu'ils vouloient eſtre. En effet, ce n'eſtoit pas une petite entrepriſe de chaſſer comme ils firent, les Romains d'un païs où ils avoient pris de ſi profondes racines. Leurs travaux cependant ne finirent pas là, il ne leur fallut pas ni moins de temps ni moins de bravoure pour en chaſſer les Gots, puis les Bourguignons, & enfin les Mahometans. Car c'eſt cela uniquement qui nous a fait manquer d'Hiſtoriens juſque bien avant dans la ſeconde race de nos Rois; Gregoire Archevêque de Tours, Yves Evêque de Chartres, Fredegaire, Freculphe, Aymoin, Ademar & Eginard Moines de Saint Benoiſt, eſtant ce que nous avons d'hiſtoriens qui parlent de l'établiſſement & de quelque ſuite de noſtre Monarchie. C'eſt même aux autres Moines de cet Ordre celebre que nous devons la pluſpart des ouvrages des Peres de l'Egliſe, les Conciles, les Decrets des Papes, & les Traitez des autres matieres Eccleſiaſtiques, parce qu'ils s'occupoient particulierement à tranſcrire pour ſuppléer au défaut de l'Imprimerie, dont l'uſage n'eſt dans l'Europe que depuis environ deux cens cinquante ans, quoy que les Chinois ſe vantent de l'avoir depuis plus de dix-huit cens. De ſorte que tous ces ouvrages n'ont eſté imprimez que ſur les manuſcrits

tirez

tirez pour la plufpart des archives des Abbayes de cet Ordre ; comme cela fe voit principalement dans le curieux traité de *Rediplomatica*, donné au public depuis quelques années par Mabillon Moine illuftre de l'Abbaye de Saint Germain des Prés de Paris, dans lequel il déchiffre & explique les caracteres & le ftile tant de plufieurs Bulles & autres titres Ecclefiaftiques, que de diverfes Patentes & Pancartes de nos Rois, d'une maniere d'autant plus admirable, qu'on peut dire qu'il a moins lû que deviné, tant les gens de ces temps-là eftoient groffiers & ignorans. Ainfi nous benîmes le Ciel de nous avoir fait naiftre dans un fiecle & fous un Regne où il y a tant de veritables fçavans. En effet, que l'on vante tant que l'on voudra celuy d'Alexandre à caufe d'Ariftote, & des autres fçavans fes contemporains ; que l'on éleve même fi l'on veut au deffus de celuy-là, celuy d'Augufte à caufe de tous les beaux ouvrages en profe & en vers que nous devons à fon regne, ou plûtôt aux foins de Mecenas fon favory, il n'y a point d'homme de bon fens qui ne leur doive preferer celuy de Loüis le Grand.

D

Car dans quel siecle a-t-on vû tout à la fois
tant de grands Orateurs, soit de la Chai-
re, soit du Barreau ? Où s'est-il trouvé
tant de doctes Historiens, tant de subtils
Dialecticiens, tant de profonds Phisiciens,
tant de sublimes Matematiciens, tant d'ex-
cellens Poëtes, en un mot tant de gens
habiles en toutes sortes d'arts ? Je pourrois dire aussi tant de braves & tant de
grands Capitaines ? Mais comme cela pas-
se ma portée, je me contenteray d'ajoûter que ce fut par où finit nostre Promenade, & que je ne puis en finir le recit
plus agréablement qu'en vous assurant que
je suis,

MONSIEUR,

Vostre tres-humble & tres-obeïssant
serviteur. LE BRET.

www.ingramcontent.com/pod-product-compliance
Lightning Source LLC
Chambersburg PA
CBHW051715090426
42738CB00010B/1928